ДОЧЬ БУХАРЫ

옮긴이 엄새봄

한국외국어대학교 통번역대학원을 졸업하고, 현재 뿌쉬낀하우스 러시아어 강사 및 국제 회의 통역사로 활동하고 있다.

ДОЧЬ БУХАРЫ
부하라의 딸

초판 인쇄 2016년 02월 22일
초판 발행 2016년 02월 29일

지은이 류드밀라 울리쯔까야
옮긴이 엄새봄

펴낸이 김선명
펴낸곳 뿌쉬낀하우스
기획 및 책임편집 이은희
편집 김영실, 김성원
디자인 박은비
주소 서울시 중구 동호로 15길 8, 리오베빌딩 3층
전화 02)2237-9387
팩스 02)2238-9388
이메일 pushkinbook@naver.com
홈페이지 www.pushkinhouse.co.kr
출판등록 2004년 3월 1일 제 2004-0004호

ISBN 978-89-92272-63-6 14790
     978-89-92272-61-2 (세트)

© ЗАО «Златоуст», 2007
Настоящее издание осуществлено по лицензии, полученной от ЗАО «Златоуст»
© Pushkin House, 2016

이 책의 국내 저작권은 «Златоуст» 출판사와 독점 계약한 뿌쉬낀하우스에 있습니다.
저작권법에 의해 한국 내에서 보호를 받는 저작물이므로 무단 전재와 무단 복제를 금합니다.

차 례

서문	◆ 005
원문	◆ 013
전문 번역	◆ 053
직독 직해	◆ 073
연습 문제 번역	◆ 119
단어	◆ 124

ДОЧЬ БУХАРЫ

서문

Людмила Улицкая — популярный писатель современности. Её повести «Сонечка», романы «Медея и её дети», «Весёлые похороны», «Казус Кукоцкого», цикл рассказов «Девочки от девяти до одиннадцати» и другие произведения стали популярны не только среди серьёзной читающей публики, но и среди молодёжи.

Улицкая родилась в семье научных работников. Она получила хорошее образование. Её первой профессией стала генетика. Но научного будущего у неё не получилось. Улицкая так вспоминает об этом: «Я провинилась перед КГБ — какие-то книжки читала, перечитывала. Академик Дубинин был человек осторожный, он сразу нашу лабораторию закрыл. На этом моя научная карьера и закончилась»*.

Довольно долго Улицкая нигде не работала, потому что сначала надо было помогать умирающей матери, потом у неё родился сын, затем второй.

---

* Здесь и далее: Людмила Улицкая. «Принимаю всё, что даётся» (Беседа с А. Гостевой) // «Вопросы литературы», январь – февраль, 2000, с. 215–237.

　　류드밀라 울리쯔까야는 인기 있는 현대문학 작가이다. 중편 «소네치까», 장편 «메데야와 그녀의 아이들», «꾸꼬쯔끼의 경우», 연작소설 «9~11살 소녀들» 등의 작품은 독서 마니아뿐만 아니라 일반 젊은 층에서도 인기를 끌고 있다.

　　울리쯔까야는 과학자 집안에서 태어났으며, 높은 수준의 교육을 받았다. 그녀의 첫 직업은 유전학자였다. 그러나 과학자로서의 길을 오래 걷지는 못했다. 울리쯔까야는 당시의 상황을 다음과 같이 회상했다. "KGB 단속에 걸린 적이 있어요. 어떤 책을 읽은 것이 화근이었어요. 몇 번을 반복해서 읽었어요. 국립 학술원(과학 아카데미)의 두비닌 박사는 매사에 조심스러운 사람이었어요. 제가 걸리자마자 그 길로 연구실을 털어버렸죠. 이렇게 과학자로서의 나의 커리어도 끝이 났습니다."

　　그 후로 울리쯔까야는 꽤 오랫동안 일을 하지 않았다. 처음에는 어머니의 병간호로 바빴고, 나중에는 두 아들이 연달아 태어났기 때문이다.

※ 관련 자료 : 류드밀라 울리쯔까야. "주어지는 모든 것을 받아들이다"(A. 고스쩨바와의 담화) // "문학에 대한 문제", 1~2월, 2000년, pp. 215~237.

В 1989 г. она написала первый рассказ. И в этом же году (хотя дети были ещё маленькими) Улицкая начинает работать в Еврейском театре заведующей литературной частью.

Через три года она уходит из театра, потому что делает главный, пожалуй, выбор в своей жизни: «Я уже точно знала, что я хочу писать и ничего другого делать не хочу».

Улицкая пишет много и хорошо. Надо сказать, что прежде с её творчеством познакомились иностранные читатели. Писательницу на Западе хорошо знают те, кто любит русский язык, русскую литературу и русскую культуру. Это, вероятно, определило во многом и получение ею престижной премии Букера.

Темы произведений Улицкой стары, как мир: любовь, измена, ревность, самоубийство из-за любви. Но, по словам писательницы, «у каждого времени существуют общепринятые реакции — от заключения в монастырь до дуэли, от побивания камнями до обыкновенного развода. …Есть дух времени. И вкус его и запах. И музыка. А также грехи, заблуждения и соблазны. …Задачи отражать современность у меня нет. А если бы я на это претендовала, то меня

　울리쯔까야는 1989년에 첫 작품을 썼다. 그리고 같은 해에(아이들은 아직 어렸지만) 유대인 극장에서 문학 담당 부서의 장으로 일하기 시작했다.

　3년 후 그녀는 극장을 떠난다. 그녀의 인생에 있어 가장 중요한 결정을 하기 위해서였다. "나는 글 쓰는 일 외에는 아무것도 하고 싶지 않다는 것을 스스로 잘 알고 있었다."고 그녀는 말한다.

　울리쯔까야는 다작과 좋은 작품으로 유명하다. 그녀의 작품은 해외 독자들에게 먼저 알려졌다. 유럽에서는 러시아의 언어, 문학, 문화를 사랑하는 사람이라면 모두 울리쯔까야를 잘 알고 있다. 이것은 울리쯔까야가 '러시아 부커상'을 받는 데에도 큰 역할을 했다.

　그녀는 작품 속에서 진부한 주제들을 다루고 있다. 사랑, 배신, 질투 그리고 실연을 비관한 자살 등 세상 돌아가는 이야기를 주로 쓴다. 하지만 그녀는 이에 대해 "각 시대마다 사람들이 대처하는 모습이 다르다. 수도원에 들어가버리거나 결투를 하기도 하고, 돌을 던지거나 흔하게는 이혼을 하기도 하기도 한다... 이렇게 그 시대만의 정신이 있다. 시대만의 맛과 향이 있다. 음악도 시대마다 다르다. 고통과 오해, 유혹에 관한 개념도 항상 다르기 마련이다... 내가 반드시 요즘 이야기를 쓸 필요는 없다고 생각한다. 내 스스로가 유행을 좇았다면 아마 사람들도 나에게서 그런 작품을 바라게 될 것이다.

бы непременно поставили на место: многие критики считают меня старомодной. Впрочем, я думаю, что быть модной — гораздо более рисковано. Мода меняется быстро. Не заметишь, как из моды выйдешь».

Мы предлагаем вам прочитать рассказ «Дочь Бухары» из книги «Бедные родственники». В нём вы узнаете историю восточной красавицы Бухары, которая вышла замуж за московского врача, родила дочь и сделала всё возможное и невозможное, чтобы её ребёнок был счастлив.

사실 많은 비평가들이 나를 촌스럽다고 생각하고 있긴 하다. 하지만 나는 유행을 따르는 것이 훨씬 위험하다고 생각한다. 유행은 빠르게 변한다. 언제 지났는지 눈치채지도 못할 만큼 말이다."라고 말한다.

    여기에 소개하는 '부하라의 딸'은 울리쯔까야의 선집 '가난한 친척들'에 수록돼있는 작품이다. 작가는 이 작품을 통해 모스끄바 의사와 결혼해 딸을 낳고, 아이의 행복을 위해 무엇이든 가리지 않고 하려 했던 동양인 부하라라는 미인의 이야기를 들려준다.

ДОЧЬ БУХАРЫ

원문

Дочь Бухары

В этом архаическом районе Москвы не было семейных тайн. Не было даже обыкновенной частной жизни. Здесь все всё знали друг о друге.

Возможность видеть и участвовать в жизни соседей была ежеминутной и неизбежной. Скандалы справа и весёлая пьяная компания слева.

В глубине этого района, среди сараев и бараков, стоял симпатичный флигель, построенный ещё до революции. Флигель и небольшой сад окружал давно неремонтированный забор. Во флигеле жил старый доктор.

Однажды днём, в конце мая сорок шестого года, во двор въехал «опель-кадет» и остановился у дома доктора. Дверь машины открылась, и из неё вышел майор медицинской службы. Он был такой правильный, такой красивый, такой русский, как воин-освободитель с плаката.

Он обошёл машину, открыл дверь — и медленно-медленно, лениво, из машины вышла очень молодая женщина невиданной восточной красоты.

Все старушки уже смотрели на них в окна, соседи выбежали во двор, и кто-то из женщин торжественно закричал: «Дима! Дима докторский вернулся!»

Майор и восточная красавица стояли у забора. Навстречу им уже спешил старый доктор Андрей Иннокентьевич.

Майор посмотрел на соседей, махнул им рукой, шагнул к деду и обнял его. Красавица с туманно-чёрными глазами скромно выглядывала из-за его спины.

Этот флигель и прежде существовал обособленно. С приездом докторского внука жизнь в нём стала ещё более особенной, красивой и богатой. Они были молоды и счастливы. Они не видели ужасного контраста между своей жизнью и жизнью людей из бараков — люмпенов, людей не от города и не от деревни.

Двор прозвал анонимную красавицу — Бухара. Бухара не любила чужих глаз. Пока строили новый забор, каждая соседка старалась посмотреть в окна флигеля.

Полуголодные и нищие соседи позволяли им это аристократическое право жить втроём в трёх комнатах, обедать в столовой и работать в кабинете. Позволяли потому, что доктор бесплатно их всех лечил: от детей до старух. Остальные же жили здесь по законам справедливости и всеобщей равной и обязательной нищеты.

Это была даже не семейная традиция, а семейная одержимость. Отец Андрея Иннокентьевича был военным фельдшером, дед — полковым лекарем. Его сын тоже стал врачом. Он умер совсем молодым во время эпидемии. Сын оставил после себя годовалого ребёнка, которого дед и воспитал.

Пять последних поколений семьи имели одну особенность: у высоких и сильных мужчин было по одному сыну, как будто кто-то свыше контролировал число этих крепких профессионалов-хирургов.

Андрей Иннокентьевич знал об этом. Он грустно смотрел на свою маленькую невестку и вспоминал свою жену Танюшу, которая давно умерла. Танюша уже в восемнадцать лет была мужского роста, сильная, крепкая и здоровая.

Пока Дмитрий выбирал место работы, жена его активно занялась домом. До этого в течение двадцати лет хозяйством занималась Паша — старая больничная санитарка.

Паша обиделась и перестала ходить. Доктор впервые в жизни поехал к Паше в Измайлово, нашёл её, сел на стул и, глядя на икону, сказал:

— Не знал, что ты верующая, — и строгим докторским голосом закончил: — Я тебе, Паша, отставки не давал. Кухню сдашь. Будешь убирать мою комнату и стирать. За работу получать будешь столько же, сколько получала.

Паша заплакала.

— Ну, что ревёшь? — строго спросил доктор.

— Что у вас убирать в кабинете? Раз, и вся работа... А готовить она не умеет.

— Собирайся, Паша, поехали, — приказал Андрей Иннокентьевич, и они вместе поехали через всю Москву к доктору.

— Не надо тебе обижаться, нам умирать скоро. Пусть живут как хотят, ей рожать скоро, — говорил доктор Паше, но она всё молчала и только возле самого дома ответила ему:

— Да смотреть-то обидно. Женился на головешке азиатской... Одно слово — Бухара!

Видно, Паша ещё не до конца стала интернационалисткой.

А «головешка азиатская», которую муж ласково

называ́л А́лечка, молча́ла, сия́ла глаза́ми в его́ сто́рону, легко́ и ло́вко чи́стила дом.

До́ктор, когда́ был молоды́м, подо́лгу жил в Средней Азии. Он мно́го понима́л в тради́циях Восто́ка. Знал он, что да́же са́мая образо́ванная азиа́тская же́нщина, кото́рая мо́жет писа́ть стихи́ на фарси́ и ара́бском, абсолю́тно подвла́стна свекро́ви.

Из окна́ кабине́та до́ктор смотре́л, как его́ бере́менная неве́стка чи́стит посу́ду.

«Бе́дная де́вочка, — ду́мал стари́к, — тру́дно ей бу́дет привыка́ть».

Но она́ поняла́ всё бы́стро.

Не свекро́вь и не служа́нка. Поду́мала и поняла́: ста́рая Па́ша — корми́лица.

С э́той мину́ты у Па́ши не́ было бо́льше прете́нзий. А́лечка была́ с Па́шей ла́сковой, уважи́тельной и просто́й.

На до́ктора она́ не могла́ поднима́ть свои́х смире́нных глаз, потому́ что он был седо́й. Но, кро́ме того́, до́ктор был похо́ж на её отца́ — узбе́кского учёного, кото́рый у́мер незадо́лго до войны́. Ему́ не могли́ определи́ть пра́вильного ме́ста в но́вом пантео́не сове́тских узбе́кских де́ятелей, выбира́я ме́жду о́бразом востокове́да-полигло́та, иссле́дователя и знатока́ фолькло́ра и широко́ образо́ванного в восто́чной медици́не врача́.

Сам он в конце́ жи́зни предпочёл рели́гию и писа́л

до конца́ дней свое́й жи́зни тракта́т о ночно́м путеше́ствии Моха́ммеда в Небе́сный Иерусали́м. Э́то то́же ста́ло серьёзной пробле́мой к официа́льному посме́ртному призна́нию его́... Был он челове́к свобо́дных взгля́дов, поэ́тому дал хоро́шее образова́ние не то́лько свои́м многочи́сленным сыновья́м, но и дочеря́м. Мла́дшая дочь доучи́ться не успе́ла при жи́зни отца́, она́ зако́нчила то́лько медици́нское учи́лище...

Андре́й Инноке́нтьевич неожи́данно и легко́ вско́ре по́сле рожде́ния пра́внучки у́мер. Он так и не узна́л, что в ма́ленькой желтоли́цей и желтоволо́сой де́вочке течёт рафини́рованная, многовекова́я кровь лу́чших медресе́ А́зии. Де́вочку торже́ственно

привезли из роддома им. Крупской в сером «опель-кадете».

С первого же взгляда ребёнок очень насторожил старого доктора. Девочка была не активная, с характерными для монгольской расы глазами, с гипотонусом, не было и некоторых важных рефлексов.

Дмитрий в педиатрии ничего не понимал, но тоже был внутренне неспокоен и гнал от себя плохие мысли.

Назвали девочку Людмилой, Милочкой. Аля называла её Милей. Она всё время держала девочку на руках и даже ночью спала с ней.

Старый доктор умер, не сказав о своих подозрениях, но к полугоду и самому Дмитрию было совершенно ясно, что ребёнок неполноценный.

Он отвёз девочку в институт педиатрии к академику Клозовскому, который в присутствии восхищённых ординаторов и аспирантов осмотрел ребёнка. Вскоре он провозгласил диагноз, по тем временам редкий — классический синдром Дауна.

После пятиминутной беседы с академиком Дмитрию стало ясно, что ребёнок безнадёжен и никакая медицина не поможет. Академик утешил тем, что такие дети, к счастью, не доживают до совершеннолетия.

По дороге домой неполноценная девочка спокойно спала. Красавица мать бережно и нежно прижимала к себе свою драгоценность. А Дмитрий напряжённо думал, поняла ли его жена диагноз, и не мог её об этом спросить.

Со временем Дмитрий Иванович перечитал американские медицинские журналы, изучил эту болезнь и, проклиная генетику, он мучительно вспоминал о самых счастливых минутах жизни, о первых днях любви к восточной красавице, к настоящему чистому чуду военного времени, которую прислали работать в госпиталь.

Она обнимала своего первого и единственного в жизни мужчину и шептала: «Имя Дмитрий было написано у меня на груди» — и произносила слова на чу-

жо́м восто́чном языке́, кото́рые бы́ли слова́ми не ла́ски, но моли́твы... И́менно тогда́ одна́ ли́шняя хромосо́ма или её часть отошла́ не в ту кле́тку, и э́та микроскопи́ческая оши́бка определи́ла дальне́йшее.

Жена́ Дми́трия и не замеча́ла неполноце́нности

девочки. Она наряжала её в красивые платья, делала на голове нарядные бантики и любовалась бессмысленной жизнерадостной мордочкой.

Милочка улыбалась и была спокойной — не плакала, не обижалась, не сердилась. Она никогда не делала того, чего нельзя делать. Книжек не портила, к огню не подходила, одна на улицу не выходила.

Дмитрий Иванович, наблюдая за дочерью, с горечью думал о том, каким чудесным ребёнком могла бы быть эта девочка.

Единственной неприятностью Милочки была её нечистоплотность. Она не могла усвоить понятие «грязный», хотя многое другое, более сложное, она понимала. Так, «хорошее» и «плохое» она по-своему различала. Самым сильным наказанием матери были слова: «Мила плохая девочка». Она закрывала лицо руками и сильно плакала. Её наказывали редко, обычно за «грязь»: испачканное платье, одеяло, стул.

Милочка любила полужидкую землю. Это была её стихия. Она часами могла месить её и лепить, лепить…

Дмитрий Иванович много работал в своей больнице. Возвращался домой поздно. Каждый вечер он чу́вствовал привы́чное отча́яние. Жена́ его́ так си́льно прилепи́лась к до́чери, что черты́ Ми́лочкиной неполноце́нности как бы переходи́ли в неё. Она́ станови́лась всё бо́лее чужо́й.

Вся ма́гия бли́зости с э́той прекра́сной восто́чной краса́вицей куда́-то уходи́ла. В нём появи́лся глубо́кий тёмный страх, что и второ́й ребёнок мо́жет роди́ться больны́м. Страх уси́ливался и в конце́ концо́в лиши́л Дми́трия Ива́новича жела́ния обнима́ть э́то же́нское совершéнство.

Операцио́нная сестра́ Тама́ра Степа́новна, кру́пная и гру́бая, освободи́ла Дми́трия Ива́новича от предрассу́дков пурита́нского воспита́ния, а краса́вицу Бухару́ — от му́жа.

Тама́ра Степа́новна и не ду́мала о тако́м успе́хе. Она́ зна́ла одну́ ва́жную мужску́ю та́йну: сильне́е всего́ укрепля́ть сла́бое ме́сто. Она́ сказа́ла Дми́трию Ива́новичу, что не мо́жет име́ть дете́й. И он с э́той немолодо́й и некраси́вой же́нщиной освободи́лся от кошма́рного миража́ непра́вильного движе́ния хромосо́м.

Дми́трий Ива́нович сообщи́л жене́, что он ухо́дит к друго́й. Она́ не подняла́ глаз, не показа́ла никако́го чу́вства, то́лько спроси́ла его́, заче́м ему́ уходи́ть…

Дмитрий не понял вопроса и начал объяснять...

— Я знаю, что я тебе надоела. Приведи новую жену сюда. Я согласна. Я сама родилась от младшей жены... — не поднимая глаз, сказала Бухара.

Дмитрий Иванович был в ужасе от этих слов и вечером ушёл к Тамаре Степановне.

К Милочке он никогда не приходил. За три дня девочка его забыла. После его ухода Паша переехала жить в докторский флигель, а Бухара пошла работать по специальности.

Круто изменилась жизнь. Прежний огромный интерес соседей к Бухаре и её дочери теперь сменился агрессивным желанием потеснить её. Были написаны различные бумаги в райжилотдел, в милицию и другие организации. Но времена уже были прогрессивные, ни выселить, ни даже потеснить их не могли. Но милиционер Головкин приходил посмотреть комнаты.

Дохлых кошек постоянно бросали в сад Бухары. Бухара выносила их на помойку. Если кошку находила Милочка, то она хоронила её под деревом, делала на могиле секретный памятник. Она часами трудилась, организовывая эту красоту. Когда приходила мама, она показывала свою работу и говорила:

— Киса там.

Толстая Милочка росла в счастливом одиночестве. Была мама, Паша, садик, множество значительных и огромных по смыслу вещей: бочка с водой, запахи, старое дерево, листья, мелкая животная жизнь, беседка, куда Милочка уходила сосать пальчики...

Ей шёл восьмой год. Она знала много вещей на вид, на запах и на ощупь. Только слов говорила немного. Произносила их странно, как будто речевой аппарат был создан для другого языка.

Старая Паша любила Милочку. «Жалкая моя», — звала она её. Когда Бухара уходила на работу, Паша подолгу что-то рассказывала девочке. Память Паши ушла в прошлое, и она детально, по многу раз рассказывала Милочке истории из своего детства.

Детство Милочки было долгим: она всё играла в простые младенческие игры... Но этот период стал заканчиваться к её одиннадцатому году. Она вдруг стала улучшаться в развитии. Её трёхлетний разум стал взрослеть, она стала лучше говорить и очень заботиться о чистоте.

И ещё она научилась вырезать ножницами из бумаги. Теперь мать приносила ей множество открыток, ста́рых журна́лов, и Ми́лочка внима́тельно и аккура́тно с утра́ до ве́чера выреза́ла каки́е-нибу́дь ме́лкие цвето́чки.

Рабо́тала она́ серьёзно, и была́ досто́йна уваже́ния. Бессмы́сленная её де́ятельность была́ похо́жа на раз-

умный и сознательный труд. Она приклеивала свои вырезки на листы, составляла какие-то комбинации из голов лошадей, колёс автомобилей и женских причёсок. Это было по-своему привлекательно и дико-художественно. Слюна усердия текла по подбородку. Но некому было плакать, видя, как мучается бедная творческая душа, которую небесная воля загнала в трудолюбивого уродца...

Радостно она приносила матери свою работу, мать гладила её по голове и говорила: «Очень красиво, Милочка! Хорошо, Милочка!» — и девочка смеялась: «Хорошо! Хорошо!» Видно, она стремилась к совершенству...

Бухара тем временем перестала быть красавицей. Она похудела, потемнела лицом, оделась в тёмное.

Коллеги по работе говорили, что ей надо сходить к хорошему врачу, но она только улыбалась и опускала вниз глаза. Она знала, что больна, и даже знала чем.

В конце зимы она неожиданно взяла отпуск и полетела с Милочкой на родину, впервые за много лет. Их не было чуть больше недели. Вернулась Бухара еле живая, ещё более тёмная, с каким-то огромным мешком.

В мешке была трава, которую она долго сортировала. Потом она разложила её по маленьким мешочкам и стала варить.

Паша говорила: «Ну, Бухара, ведьма азиатская!»

Бухара молчала, молчала, а потом сказала Паше:

— Паша, у меня болезнь смертельная. Я сейчас умереть не могу, как Милочку оставлю... Я с травой ещё шесть лет буду жить, потом умру. Мне старик траву дал, святой человек. Не ведьма.

Таких длинных разговоров Паша от неё никогда не слышала. Подумала и попросила:

— Ты и мне дай.

— Ты здоровая, больше меня проживёшь, — тихо добавила Бухара, и Паша ей поверила.

Бухара всё пила свою траву, ела совсем мало.

И ещё одно дело начала она — стала водить Милочку в специальную школу

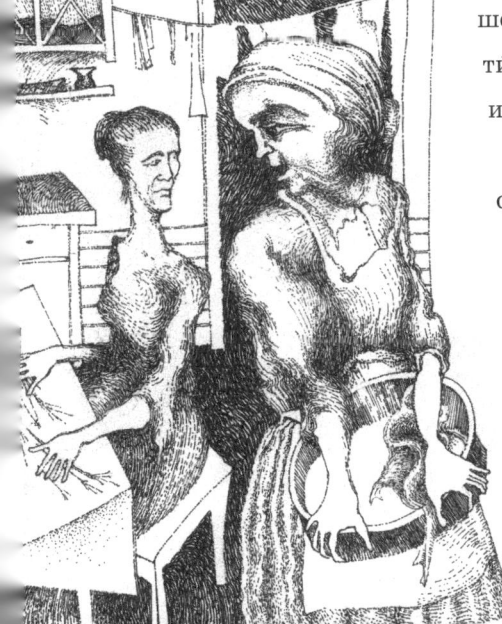

для дефекти́вных. Она́ и рабо́ту поменя́ла. Ста́ла рабо́тать в медици́нском кабине́те в э́той же шко́ле. Со специали́стом-воспита́телем она́ стара́лась научи́ть Ми́лочку жи́зненной нау́ке: надева́ть боти́нки, шить, чи́стить о́вощи…

Ми́лочка стара́лась и ста́ла за два го́да отли́чницей по трудово́му обуче́нию. С бу́квами и ци́фрами, пра́вда, у неё абсолю́тно ничего́ не получа́лось. Из всех цифр она́ узнава́ла то́лько «5», ра́довалась ей, да бу́кву «М» различа́ла. Большо́й ра́достью бы́ло для неё вы́йти ве́чером и́з дому с ма́терью и посмотре́ть на кра́сную бу́кву «М», горя́щую над вхо́дом в метро́.

— Мэ, метро́, Ми́ла! — говори́ла она́ и сча́стливо смея́лась.

На семна́дцатом году́ Ми́лочка ста́ла оформля́ться, на то́лстеньком ту́ловище вы́росла грудь. Ми́лочка стесня́лась и немно́го горди́лась, говори́ла:

— Ми́ла больша́я, Ми́ла тётя…

Попроси́ла у ма́тери ту́фли на каблука́х. Две неде́ли Ми́лочка учи́лась ходи́ть в них. Когда́ научи́лась, мать отвезла́ её в мастерску́ю при психоневрологи́ческом диспансе́ре. Там на́до бы́ло де́лать конве́рты, выреза́ть что́-то но́жницами и станови́ться поле́зным чле́ном о́бщества.

Бухара́ ушла́ из шко́лы, поступи́ла рабо́тать в регистрату́ру диспансе́ра, что́бы быть ря́дом с до́черью и помога́ть ей.

Бухара́ разноси́ла медка́рты по кабине́там и изуча́ла клие́нтов. Ка́ждый год все больны́е должны́ бы́ли пройти́ диспансериза́цию, что́бы получи́ть пе́нсию по инвали́дности.

Э́ти лю́ди и бы́ли интере́сны Бухаре́. У неё был да́же ма́ленький архи́в, своя́ картоте́ка. Она́ интересова́лась больны́м, с кем живёт, где…

Одна́жды к ней обрати́лся ма́ленький лы́сый стари́к в коро́тких брю́ках и с глаза́ми Ча́плина. Он держа́л за́ руку то́лстого дебила с большо́й голово́й и ро́зовой улы́бкой. Стари́к спроси́л у Бухары́, где врач Ра́ктин.

Бухара́ отве́тила, что Ра́ктин ушёл.

— Ай-яй-яй, — заговори́л челове́к.

А Бухара́ незаме́тно разгля́дывала того́, кото́рый стоя́л ря́дом, — то́же лы́сого, доброду́шного и то́лстого. Бы́ло ему́ лет три́дцать и́ли о́коло того́, но Бухара́ уже́ зна́ла, что больны́е лю́ди живу́т и старе́ют по-друго́му. В де́тстве они́ ча́сто ка́жутся мла́дше, а пото́м как-то сразу стареют...

— Ваша фамилия? — спросила Бухара уважительно.

— Берман, — ответил старик, а его толстый сын закивал головой. — Берман Григорий Наумович, — повторил старик, указывая на сына, а тот всё кивал и улыбался.

Она долго изучала медкарточку Григория Бермана. Врачи писали, что у молодого человека сниженный интеллект, спокойный, хороший характер, нет припадков.

На следующий день Бухара приехала в Старопименовский переулок, где в маленьком деревянном домике на три семьи жил старый Берман с сыном.

Старик читал одну из толстых кожаных книг. Сердце Бухары замерло от сладкого, знакомого с детства запаха старинной кожи.

Григорий сидел на стуле и гладил грязную белую кошку.

Старый Берман засуетился.

— Гриша, пойди поставь чайник, — приказал Берман. И Григорий, взяв очень аккуратно и осторожно чайник, вышел.

— Я пришла́ к вам по де́лу, Нау́м Абра́мович, — начала́ медсестра́. — Пока́ нет ва́шего сы́на, я вот что хочу́ вам сказа́ть: у меня́ есть дочь, она́ о́чспь хоро́шая де́вочка, споко́йная, до́брая. И боле́знь у неё така́я же, как у ва́шего сы́на.

Бе́рман хоте́л что́-то сказа́ть, но кро́ткая Бухара́ вла́стно его́ останови́ла и продолжа́ла:

— Я больна́. Ско́ро умру́. Я хочу́ вы́дать де́вочку за́муж за хоро́шего челове́ка.

— Ми́лая моя́! Что вы говори́те? Что вы ду́маете? Кто за него́ пойдёт? И како́й из него́ муж? Вы что, ду́маете, де́вушка бу́дет име́ть от него́ большо́е удово́льствие? А?

Бухара́ мо́лча э́то вы́слушала. Пото́м вошёл Григо́рий, сел на стул, взял ко́шку и на́чал её гла́дить. Бухара́ посмотре́ла на него́ о́стрым и внима́тельным гла́зом и сказа́ла:

— Гри́ша! Я хочу́, что́бы вы с па́пой пришли́ ко мне в го́сти. Я хочу́ познако́мить вас с мое́й до́чкой Ми́лой. — А пото́м она́ поверну́лась к Нау́му Абра́мовичу и сказа́ла ему́ пря́мо-таки совсе́м по-евре́йски: — А что бу́дет плохо́го, е́сли они́ познако́мятся?

... По воскре́сным дням Бухара́ не встава́ла с посте́ли, лежа́ла, эконо́мила си́лы. Ко́жа её си́льно потемне́ла, лицо́ ста́ло как у стару́хи. Ей не́ было и сорока́, но молоды́ми в ней остава́лись то́лько я́рко-чёрные си́льные во́лосы.

Ми́лочка принесла́ ма́тери ча́шку горя́чей травы́ и

се́ла ря́дом с посте́лью. Бухара́ погла́дила её и сказа́ла:

— Спаси́бо, до́ченька. Я хочу́ сказа́ть тебе́ одну́ ва́жную вещь. О́чень ва́жную. — Де́вочка подняла́ го́лову. — Я хочу́, что́бы у тебя́ был муж.

— А ты? — удиви́лась Ми́лочка. — Пусть лу́чше у тебя́ бу́дет муж. Мне не на́до.

Бухара́ улыбну́лась.

— У меня́ уже́ был муж. Давно́. Тепе́рь пусть у тебя́ бу́дет муж. Ты уже́ больша́я.

— Нет, не хочу́. Я хочу́, что́бы ты была́. Не муж, а ты, — оби́делась Ми́лочка.

Бухара́ э́того не ожида́ла.

— Я ско́ро уе́ду. Я тебе́ говори́ла, — сказа́ла она́ до́чери.

— Не уезжа́й, не уезжа́й! Я не хочу́! — запла́кала Ми́лочка. Мать ей уже́ мно́го раз говори́ла, что ско́ро уе́дет, но она́ не ве́рила и бы́стро-бы́стро забыва́ла. — Пусть и Ми́ла уе́дет!

Когда́ Ми́лочка волнова́лась, она́ забыва́ла говори́ть про себя́ в пе́рвом лице́ и сно́ва, как в де́тстве, говори́ла в тре́тьем.

— Я до́лго, до́лго с тобо́й жила́. Всегда́. Тепе́рь я должна́ уе́хать. У тебя́ бу́дет муж, ты не бу́дешь одна́.

Паша будет, — терпеливо объясняла Бухара. — Муж — это хорошо. Хороший муж.

— Мила плохая? — спросила девочка у матери.

— Хорошая, — погладила толстую круглую голову Бухара.

— Завтра не уезжай, — попросила Мила.

— Завтра не уеду, — сказала Бухара и закрыла глаза.

Она давно решила, что поедет умирать к старшему брату в Фергану, чтобы Милочка не увидела её смерти и постепенно про неё забыла. Память у Милочки была небольшая, долго не держала в себе ни людей, ни событий.

Всё произошло как задумала Бухара. Берман с сыном и сестрой, маленькой старушкой, пришли в гости. Паша убрала квартиру. Бухара купила торт. Готовить она совсем не могла, ей становилось плохо от близости огня и запахов пищи.

Пили чай. Разговаривали. Старушка много говорила и задавала много странных и бессмысленных вопросов, на которые можно было не отвечать. Григорий улыбался и всё спрашивал у отца, можно ли ему взять ещё кусочек торта, и с увлечением ел.

Бухара́ узнава́ла в нём все стара́тельно-делика́тные движе́ния Ми́лочки, кото́рая о́чень боя́лась за столо́м что́-нибудь испа́чкать и́ли урони́ть.

Ми́лочка сле́зла со сту́ла. Она́ была́ ма́ленького ро́ста, но с ра́звитой же́нской гру́дью. Подошла́ к Григо́рию.

— Идём, я покажу́, — позвала́ она́, и он, послу́шно оста́вив кусо́к то́рта, пошёл за ней в ма́ленькую ко́мнату.

Ма́ленькая стару́шка вдруг сказа́ла:

— А мо́жет, она́ права́… И кварти́ра у них о́чень хоро́шая, мо́жно сказа́ть генера́льская…

Ми́лочка в свое́й ко́мнате пока́зывала Григо́рию свои́ альбо́мы. Он держа́л во рту оре́шек от то́рта, любова́лся карти́нками, а пото́м спроси́л у Ми́лочки:

— Угада́й, что у меня́ во рту?

Ми́лочка поду́мала немно́го и сказа́ла:

— Зу́бы.

— Оре́шек, — засмея́лся Григо́рий, вы́нул изо рта́ оре́шек и положи́л ей в ру́ку.

…Ско́ро их расписа́ли. Григо́рий перее́хал в до́кторский фли́гель. Бухара́ че́рез ме́сяц по́сле сва́дьбы уе́хала к себе́ на ро́дину.

Снача́ла Ми́лочка, ви́дя ве́щи ма́тери, говори́ла гру́стно: ма́мин фа́ртук, ма́мина ча́шка... Но пото́м ста́рая Па́ша потихо́ньку все э́ти ве́щи убрала́, и Ми́лочка про мать бо́льше не вспомина́ла.

По утра́м Ми́лочка ходи́ла на рабо́ту в мастерску́ю. Ей нра́вилось выреза́ть из бума́ги, она́ де́лала э́то почти́ лу́чше всех. Гри́ша ка́ждый день провожа́л её до трамва́я, а пото́м встреча́л на остано́вке. Они́ шли по у́лице, взя́вшись за́ руки. Ми́лочка на каблука́х, в ро́зовом пла́тье Бухары́, и её муж, большеголо́вый Григо́рий с лы́синой. О́ба в некраси́вых кру́глых очка́х, вы́данных им беспла́тно. Не́ было челове́ка, кото́рый не посмотре́л бы на них. Мальчи́шки крича́ли им каки́е-то глу́пости.

Но они́ бы́ли так за́няты друг дру́гом, что не ви́дели чужо́го нехоро́шего интере́са.

Шли до остано́вки. Ма́ленькая Ми́лочка тяжело́ сади́лась в трамва́й. Григо́рий помога́л ей и маха́л руко́й до тех пор, пока́ ви́дел трамва́й. Ми́лочка то́же маха́ла, улыба́лась.

Брак их был прекра́сен. Но в нём была́ та́йна, им сами́м неве́домая: с то́чки

зре́ния здоро́вых и норма́льных люде́й, был их брак ненастоя́щим.

Ста́рая Па́ша, си́дя на ла́вке, ва́жно говори́ла други́м сосе́дкам-стару́хам:

— Ничего́ вы не понима́ете! Да Бухара́ всех нас умне́й оказа́лась! Всё, всё наперёд рассчита́ла! И Ми́лочку вы́дала за́муж за хоро́шего челове́ка, и сама́, как прие́хала в э́то своё... так на пя́тый день и померла́. А вы говори́те!

Но никто́ ничего́ и не говори́л. Всё так и бы́ло.

Задания

Закончите фразы, выбрав правильный ответ (при необходимости можете дополнить высказывания своей информацией). Проверьте себя по «Ключу».

01. Эта история произошла
    а) до революции.
    б) вскоре после Второй мировой войны.
    в) в наше время.

02. «Опель-кадет» привёз к дому
    а) сына с женой.
    б) соседа с женой.
    в) внука с женой.

03. Жители флигеля были
    а) такие же, как и все жители двора.
    б) беднее других жителей двора.
    в) богаче других жителей двора.

04. Дмитрий, внук Андрея Иннокентьевича, был
    а) военным врачом
    б) кадровым офицером.
    в) фельдшером.

05. Соседи терпели непохожесть образа жизни во флигеле на их собственный, потому что
   а) им нравилась красавица Бухара.
   б) старый доктор бесплатно лечил всех.
   в) уважали чужую частную жизнь.

06. Пять последних поколений семьи имели одну особенность:
   а) у сильных мужчин рождались слабые дети,
   б) мужчины рано умирали,
   в) у мужчин этого рода было по одному сыну,

   каждый из которых впоследствии
   а) служил в армии.
   б) становился врачом.
   в) умирал во время эпидемии.

07. Старая санитарка Паша
   а) помогала Андрею Иннокентьевичу в операционной.
   б) вела домашнее хозяйство старого доктора.
   в) была женой Андрея Иннокентьевича.

08. После возвращения Дмитрия
   а) в доме появилась молодая женщина.
   б) Бухара обидела Пашу.
   в) Паша подумала, что больше не нужна.

09. Бухара активно занялась хозяйством, потому что
   а) хотела выгнать старую Пашу из дома.
   б) любила мыть и чистить всё в доме.
   в) видела в этом свою обязанность младшей женщины в семье.

10. Бухара не поднимала глаз на старого доктора, потому что
   а) уважала его старость и образованность.
   б) ей не нравились его седые волосы.
   в) он не помогал ей чистить посуду.

11. Бухара
   а) получила хорошее образование.
   б) получила только среднее образование.
   в) закончила только медресе.

12. Через некоторое время стало ясно, что дочь Бухары
   а) здоровая и красивая.
   б) похожа на монголку.
   в) безнадёжно больна.

13. Причиной болезни девочки была
   а) плохая наследственность Дмитрия.
   б) генетическая ошибка.
   в) ошибка доктора.

14. Бухара
   а) всё время читала научную литературу о болезни девочки.
   б) казалось, не замечала болезни дочери.
   в) ни на минуту не могла забыть о болезни ребёнка.

15. Спустя некоторое время Дмитрий Иванович бросил Бухару,
   а) которая всё меньше и меньше интересовалась ребёнком.
   б) которая становилась всё более чужой и холодной к нему.
   в) потому что боялся рождения второго больного ребёнка.

16. Дмитрий Иванович ушёл к Тамаре Степановне, которая
   а) была моложе и красивее Бухары.
   б) родила ему здорового ребёнка.
   в) не могла иметь детей.

17. Милочка
   а) забыла отца за три дня.
   б) переехала к отцу во флигель.
   в) никак не могла забыть отца.

18. Жизнь в доме Бухары после ухода мужа
   а) текла без изменений.
   б) сильно изменилась.
   в) постепенно менялась.

19. Огромный интерес соседей сменился

   а) безразличием к проблемам одинокой женщины.

   б) жалостью и желанием помогать Бухаре и её дочери.

   в) желанием восстановить справедливость и подселить во флигель других жильцов.

20. В детстве Милочка

   а) играла вместе с соседскими детьми.

   б) росла в счастливом одиночестве.

   в) много играла с кошками.

21. В восемь лет девочка

   а) немного говорила на иностранных языках.

   б) понимала только простые физические ощущения.

   в) говорила хорошо, но мало.

22. К одиннадцати годам Милочка

   а) стала замедляться в развитии.

   б) стала улучшаться в развитии.

   в) остановилась в развитии.

23. Девочка научилась вырезать ножницами и работала

   а) разумно и сознательно.

   б) красиво и творчески.

   в) внимательно и аккуратно.

24. Бухара с возрастом
   а) больше и больше становилась похожей на толстенькую Милочку.
   б) похудела, подурнела, оделась в тёмное.
   в) оставалась энергичной и жизнерадостной.

25. Болезнь Бухары
   а) не составляла для неё тайны.
   б) была для неё неожиданностью.
   в) была похожа на болезнь Паши.

26. Милу отдали в спецшколу, чтобы она
   а) получила хорошее образование.
   б) готовилась к поступлению в институт.
   в) готовилась к самостоятельной жизни.

27. Через два года Милочка пошла работать
   а) в медицинский кабинет.
   б) в мастерскую для инвалидов.
   в) в регистратуру диспансера.

28. Бухара устроилась работать в психоневрологический диспансер, чтобы
   а) в семье было больше денег.
   б) немного подлечиться.
   в) быть рядом с дочерью и помогать ей.

29. Бухара начала собирать информацию о больных, чтобы
   а) повысить свою квалификацию.
   б) найти мужа Милочке.
   в) найти себе мужа.

30. Гриша Берман оказался спокойным молодым человеком с хорошим характером, поэтому
   а) Бухара решила выдать Милу за него замуж.
   б) Наум Абрамович решил познакомить его с Милой.
   в) Бухара пришла к нему попить чаю.

31. Узнав о своём предстоящем замужестве, Милочка
   а) очень обрадовалась.
   б) подумала, что чем-то обидела мать.
   в) обиделась, что мать уедет.

32. Бухара уехала к себе на родину, чтобы
   а) не мешать семейному счастью дочери.
   б) снова выйти замуж.
   в) не травмировать дочь своей скорой смертью.

33. Люди, видевшие на улице Милочку и Гришу,
   а) проявляли к ним нехороший интерес.
   б) восхищались этой прекрасной парой.
   в) завидовали счастью молодых.

34. Старая Паша считала, что Бухара оказалась всех умней, потому что смогла, будучи безнадёжно больной,

а) прожить ещё шесть лет.

б) устроить своё счастье.

в) устроить счастье своей безнадёжно больной дочери.

ДОЧЬ
БУХАРЫ

전문 번역

부하라의 딸

이곳 모스끄바의 한 오래된 마을에는 가족의 비밀이란 것이 없었다. 평범한 사생활조차 없었다. 이곳에서는 서로가 서로에 대한 모든 것을 알았다.

이웃의 삶을 들여다보거나 끼어드는 일이 다반사였고, 그것을 피할 수도 없었다. 한쪽에서는 사건사고가, 바로 옆에서는 기분 좋게 취한 무리들이 놀고 있는 그런 곳이었다.

헛간과 판자촌으로 가득한 동네 깊숙한 곳에는 혁명 전에 만들어진 예쁜 외딴집이 하나 있었다. 집과 작은 정원을 오랫동안 수리한 적 없는 담벼락이 둘러싸고 있었다. 이 집에는 나이든 의사가 살고 있었다.

46년 5월 말의 어느 낮, '오펠 카데트' 한 대가 마을로 들어와 의사의 집 앞에 섰다. 차 문이 열리고 군의관 소령이 내렸다. 그는 해방군 포스터에서 막 튀어나온 영웅처럼 매우 바르고 잘생겼으며, 전형적인 러시아인의 모습을 하고 있었다.

그는 차 반대편으로 돌아가 문을 열었다. 그러자 동양의 묘한 매력을 풍기는 아주 젊은 여자가 느릿느릿 차에서 내렸다.

온 동네 할머니들은 이미 창문 밖으로 이들을 내려다보고 있었고, 이웃들은 밖으로 뛰어나왔다. 그 중 한 여자가 마을에 이 소식을 알리며 소리쳤다. «지마다! 의사네 집 지마가 돌아왔다!»

소령과 아름다운 동양 여자는 담벼락 쪽에 서 있었다. 나이든 의사 안드레이 인노껜찌예비치는 이들을 맞으러 서둘러 나왔다.

소령은 이웃을 보며 손을 흔들어 준 뒤, 의사에게 다가가 그를 안았다. 그윽한 검은 눈의 젊은 여자는 소령의 등 뒤에서 수줍게 눈길을 주고 있었다.

이 집은 전부터 이미 특별한 집이었다. 하지만 의사의 손자가 온 이후 더욱 특별하고 아름답고 풍족해졌다. 그들은 젊고 행복했다. 자신들과는 대비되는, 판자촌에서 살고 있는 도시 출신도 시골 출신도 아닌 룸펜(부랑자)들의 힘든 삶은 눈에 들어오지도 않았다.

마을 사람들은 이 이름 모를 여인을 부하라라고 불렀다. 부하라는 낯선 사람들의 시선이 불편했다. 새 담장이 세워지는 동안에도 이웃집 여자들은 이 집 창문을 들여다보려고 애썼다.

굶주리고 가난한 이웃들은 이 가족이 방 세 개짜리 집 식당에서 점심을 먹고 서재에서 일을 하며 호화롭게 사는 것을 허용해 주었다. 왜냐하면 이 외딴집 의사가 아이부터 노인들까지 마을사람 모두를 공짜로 치료해 주고 있었기 때문이다. 의사 가족을 제외하고는 공정하게 모두가 똑같이 의무적으로 가난을 나눠야 한다는 규칙에 따라 살고 있었다.

의사 가족이 마을을 치료해 온 것은 이 가족의 전통이라기 보다는 강박에 가까운 것이었다. 안드레이의 아버지는 간호군무원이었고, 할아버지는 연대소속 군의관이었다. 그의 아들도 의사였다. 하지만 전염병이 돌던 시절 한창 젊은 나이에 죽었다. 아들이 죽으면서 남긴 한살배기 아이는 할아버지 손에 자랐다.

이 집에는 지난 5대 동안 이어지는 특이한 점이 있다. 키가 크고 건장한 아들이 꼭 한 명씩 태어났다는 것이다. 마치 누군가가 의사의 수를 정해놓고 관리라도 하는 것 같았다.

안드레이 인노껜찌예비치도 이것을 눈치채고 있었다. 그는 자신의 어린 며느리를 슬픈 눈으로 바라보며 오래 전에 사별한 아내 따뉴샤를 떠올렸다. 따뉴샤는 열여덟 살 때 이미 키가 남자만큼 컸고, 강하고 건장했으며 건강한 여자였다.

지마가 일할 곳을 찾으러 다니는 동안 아내는 집안일에 열중했다. 이전까지 20년 동안 집안일을 도맡아 한 것은 나이든 간병인 빠샤였다.

일을 뺏긴 빠샤는 기분이 상해 더 이상 집안일을 도우러 오지 않았다. 안드레이는 난생 처음으로 빠샤를 만나러 이즈마일로보로 갔다. 그는 빠샤를 만나 의자에 앉아 성상화를 바라보며 말했다.

«신앙이 있는 줄은 몰랐소.» 그리고는 의사다운 엄한 목소리로 말을 마쳤다. «빠샤, 난 일을 그만두라고 한 적 없소. 부엌은 양보합시다. 내 방 청소와 빨래를 하면 되잖소. 돈은 지금까지 받아왔던 만큼 받을 수 있을 거요.»

빠샤는 울기 시작했다.

«왜 우는 거요?» 안드레이가 엄하게 물었다.

«선생님 방에 청소할 게 뭐가 있다고요. 하나 치우면 끝날 걸... 그 여자는 요리도 못한다고요.»

«짐 싸요, 빠샤. 갑시다.» 안드레이가 말했다. 그리고 둘은 함께 모스끄바를 지나 마을로 갔다.

«마음 상할 것 없어요. 우리가 살면 얼마나 산다고. 아이들 원하는 대로 살게 둡시다. 곧 있으면 출산도 할 텐데.» 안드레이가 빠샤에게 말했다. 하지만 빠샤는 내내 말이 없다가 집에 다 와갈 때쯤에서야 대답했다.

«그래요. 보는 것만도 힘이 들어요. 얼굴도 누런 아시아 여자와 결혼하다니... 말도 안나와요! 으... 부하라!!»

빠샤는 외국인과의 결혼을 아직 완전히 인정하지는 못하는 듯했다.

한편 남편이 사랑스럽게 알레치까라고 부르는 그 '황인종 아시아 여자'는 말없이 반짝이는 눈으로 그를 바라보며 거뜬히 그리고 깔끔하게 집을 청소했다.

안드레이는 젊은 시절 중앙아시아에 오래 살았다. 그래서 그는 동양의 전통을 잘 이해했다. 심지어 페르시아어와 아랍어로 시를 쓸 정도의 똑똑한 여자라고 할지라도 시어머니에게 철저하게 붙잡혀 산다는 것을 알았다.

안드레이는 서재 창문으로 임신한 며느리가 설거지하는 모습을 지켜봤다.

«불쌍한 아이야. 적응하기 힘들거야.»라고 안드레이는 생각했다.

그러나 그녀는 이해가 빨랐다.

빠샤는 시어머니도 아니고 그렇다고 하녀도 아니었다. 하지만 잠깐만 생각해 보면 이해가 되는 상황이었다. 빠샤 할머니는 유모같은 존재인 것이다.

이때부터 빠샤도 더 이상 텃세를 부리지 않았다. 알레치까는 빠샤에게 항상 친절하고 정중하며 편안하게 대했다.

알레치까는 자신의 순종적인 눈을 들어 안드레이의 얼굴을 감히 똑바로 쳐다볼 수 없었다. 왜냐하면 그는 백발의 노인이었기 때문이었다. 하지만 꼭 그뿐만은 아니었다. 알레치까의 아버지와 닮기도 한 까닭이었다. 우즈베끼스딴의 학자였던 그녀의 아버지는 전쟁이 있기 얼마 전에 죽었다. 우즈벡 소비에트 공화국 활동가 묘지에서는 그를 어디에 눕혀야 할지 정하느라 애를 먹었다. 동양학자 또는 동양언어학자였는지, 민속학 연구가이자 학자였는지, 동양의학에 조예가 깊은 의사였는지 결정해야 했다.

그는 말년에 종교에 심취해 죽는 날까지 모함메드가 밤중에 천상의 예루살렘을 찾아갔던 이야기에 대해 논문을 썼다. 이 논문도 그의 사후 공식 칭호를 결정하는데 있어 큰 문제가 되었다. 그는 개방적인 사람이었다. 덕분에 아들들뿐만 아니라 딸들도 높은 수준의 교육을 받을 수 있었다. 하지만 막내딸은 아버지 생전에 공부를 마치지 못하고, 의료 전문학교를 끝으로 학업을 접어야했다.

안드레이는 증손녀가 태어나자마자 너무 쉽게 갑자기 죽어버렸다. 이 작은 갈색머리 황인종 소녀의 몸 속에, 수세기 동안 이어진 아시아 최고의 메드레세의 피가 흐르고 있다는 사실은 끝내 알지 못했다. 아이를 끄룹스까야 출산원에서 회색 '오펠 카데트'에 태워 집으로 데려오는 과정은 거하게 치러졌다.

아이는 처음부터 안드레이를 경계했다. 그리고 소극적이었다. 전형적인 몽골인의 눈과 근긴장저하증을 가지고 있었고, 일부 중요한 반응을 보이지 않았다.

지마는 소아의학에 대해서는 전혀 몰랐지만, 내심 걱정이 됐다. 그는 나쁜 생각들을 떨쳐버리려 노력했다.

사람들은 아이를 류드밀라나 밀로치까라고 불렀고, 엄마 알레치까는 밀랴라고 불렀다. 그녀는 아이를 항상 품에 안고 다녔고, 심지어 밤에도 항상 아이 곁에서 잠자리에 들었다.

나이든 의사 안드레이는 자신의 의심에 대해서는 말하지 않고 죽었다. 하지만 반년이 지나자 지마 스스로도 아이가 온전하지 않다는 것을 알게 됐다.

그는 소아과 연구소 끌로좁스끼 박사에게 아이를 데려갔고, 박사는 박사를 우러러보는 인턴과 레지던트 의사들의 입회 하에 진료를 보았다. 의사는 다운증후군이라는 당시로서는 흔하지 않았던 진단을 내렸다.

의사와 오 분 정도 대화를 한 후, 지마는 아이에게는 희망이 없으며 어떠한 의학으로도 치료할 수 없다는 것을 알게 됐다. 의사는 이런 아이들은 다행히도 성년이 될 때까지 살지 못한다며 안심시켰다.

집으로 오는 길에 아픈 아이는 평온하게 잠을 잤다. 아름다운 알레치까는 보물 같은 아이를 조심스럽고 부드럽게 품에 안았다. 지마는 속이 탔다. 아내가 아이의 병을 제대로 이해하기는 했는지 알 수 없었지만, 차마 물어볼 수도 없었다.

지마는 매일 미국 의료잡지를 읽으며, 아이의 병을 연구했다. 그리고 유전학을 저주하면서 자신의 삶에서 가상 행복했던 순간들을 씁쓸하게 떠올렸다. 야전병원으로 보내진 아름다운 동양인 여자를 만나 사랑에 빠졌던 순간을, 전쟁 중에 일어난 진정한 기적의 순간을 회상했다.

알레치까는 인생의 첫 남자이자 유일한 남자인 지마를 품에 안고 속삭였다. «지마라는 이름이 내 가슴에 새겨졌어요.» 그리고는 처음 듣는 동양의 언어로 무엇인가를 말했다. 그것은 사랑의 말이 아니라 기도였다. 바로 그때 남는 염색체 하나인지 그 일부분인지 알 수 없는 것이 떨어져나가 세포를 잘못 찾아 들어갔다. 그리고 이 아주 작은 실수 하나로 미래가 완전히 바뀌어 버렸다.

지마의 아내는 아이가 아프다는 사실을 알지 못했다. 그녀는 아이에게 항상 예쁜 원피스를 입혔고 머리에는 귀여운 리본을 달아주었다. 그녀는 아이의 한없이 밝고 걱정 없는 얼굴을 사랑했다.

밀라는 항상 웃었고 침착했다. 절대 울지도, 투정부리지도, 화를 내지도 않았다. 아이는 안된다고 한 일은 절대 하지 않았다. 책을 찢지도 않았고 불 근처엔 얼씬도 하지 않았으며 혼자서는 밖에 나가지도 않았다.

지마는 딸아이를 지켜보며 아프지 않았다면 얼마나 예쁜 아이가 될 수 있었을지를 생각하며 마음아파했다.

밀라의 유일한 단점은 깔끔하지 못하다는 것이었다. 그것보다 더 어려운 것을 모두 이해하면서도 '더럽다'는 개념은 이해하지 못했다. '좋은 것'과 '나쁜 것'을 구분할 때 자신만의 기준이 있었다. 엄마에게서 '밀라는 나쁜 아이야'라는 말을 듣는 것이 이 아이에게는 가장 무서운 벌이었다. 이 말을 들으면 밀라는 손으로 얼굴을 가리고 크게 울었다. 아이를 혼내는 일은 거의 없었지만 대부분 원피스, 이불, 의자를 더럽혔을 때 혼이 났다.

밀라는 진흙 땅을 좋아했다. 이 아이의 본능이었다. 밀라는 손으로 진흙을 뭉갰다 빚었다 하면서 몇 시간이고 앉아 있을 수 없었.

지마는 병원에서 일하는 시간이 많았다. 항상 밤 늦게 집에 돌아왔다. 매일 저녁 그는 습관처럼 절망을 느꼈다. 그의 아내는 마치 밀라에게서 증상이 옮겨온 듯이 오로지 딸만 바라보고 매달렸다. 그녀의 모습은 점점 낯설게 변해갔다.

그토록 아름다웠던 그녀의 매력들도 어디론가 사라지고 있었다. 대신 둘째 아이도 온전하지 못할 수도 있다는 깊고도 어두운 두려움이 그 자리에 스며 갔다. 두려움은 점점 커졌고 지마는 결국 이 여인을 안고 싶지조차 않게 됐다.

병원에는 따마라 스쩨빠노브나라는 덩치가 크고 거친 간호사가 있었다. 그녀 덕분에 지마는 청교도적 사고에서 비롯된 양육에 대한 강박에서 벗어날 수 있었고, 부하라는 남편으로부터 벗어날 수 있었다.

따마라는 일이 이렇게 잘 풀릴 거라고는 생각도 못했다. 하지만 그녀는 남자들의 중요한 비밀 하나를 알고 있었다. 약점을 무엇보다 강하게 만들어야 한다는 것이었다. 그녀는 지마에게 자신이 아이를 가질 수 없다는 사실을 말했다. 그리고 지마는 이 젊지도 예쁘지도 않은 여자 덕분에 자신의 유전자가 또다시 실수하지는 않을까 하는 끔찍한 걱정으로부터 자유로워질 수 있었다.

지마는 아내에게 다른 여자가 생겨 떠나겠다고 했다. 그녀는 그와 눈을 마주치지도 않고, 아무런 감정도 내보이지 않았다. 그저 굳이 떠나야겠느냐고 물었다... 지마는 질문의 뜻을 이해하지 못한 채 이유를 설명하기 시작했다...

«나에게 질렸다는 걸 알아요. 새 아내를 데리고 들어와요. 괜찮아요. 나도 첩의 딸이니까...» 눈을 내리깐 채 그녀가 말했다.

지마는 그 말을 듣고 괴로워했다. 그리고는 그날 저녁 따마라에게 떠나버렸다.

그는 그 후로 한번도 딸을 보러 오지 않았다. 그리고 삼일 만에 밀라는 아빠를 까맣게 잊었다. 지미가 떠나고 빠샤는 밀라의 집으로 이사 왔고, 부하라는 전공을 살려 일을 하기 시작했다.

삶이 크게 변했다. 이전에는 부하라와 그녀의 딸에게 큰 관심을 보였던 이웃들이 이제는 집을 점거하려고 공격했다. 지역 주택관리 기관과 경찰서 같은 다른 여러 기관들은 사람들이 보낸 청원서로 넘쳐났다. 하지만 시간이 이미 많이 흐른 터라 이들을 쫓아내지도 심지어 집 일부를 빼앗을 수조차 없었다. 그래도 골롭낀이라는 경찰관은 방을 보러 여러 번 이 집을 방문했다.

사람들은 부하라의 집 정원에 죽은 고양이를 끊임없이 버렸고, 부하라는 쓰레기통으로 옮기기를 반복했다. 밀라는 죽은 고양이를 발견하면 나무 밑에 묻어주고 비밀 비석을 세워주었다. 아이는 고양이 무덤을 예쁘게 만들어주느라 몇 시간을 앉아 있곤 했다. 그러다 엄마가 다가오면 자신이 만든 무덤을 보여주면서 말했다. «고양이는 저기 있어.»

통통한 밀라는 혼자만의 행복 속에서 자랐다. 그녀에게는 엄마가 있었고, 빠샤 할머니와 작은 정원도 있었다. 그리고 물이 담긴 통, 냄새들, 오래된 나무, 나뭇잎들, 작은 동물 친구들, 손가락을 빨고 싶을 때 들어가는 작은 원두막 같이 그녀에게 소중하고 의미 있는 것들이 많았다.

어느덧 밀라는 여덟 살이 되었다. 그녀는 생김새, 냄새, 촉감으로 많은 것을 구별할 수 있게 되었다. 다만 말로 할 수 있는 단어는 그리 많지 않았다. 마치 외국인의 발음기관을 가지기라도 한 듯 발음을 이상하게 했다.

빠샤 할머니는 밀라를 사랑했다. 그녀는 밀라를 '불쌍한 우리아가'라고 불렀다. 부하라가 일하러 가고 없을 때면 빠샤는 아이에게 무언가를 계속해서 이야기해 주었다. 빠샤의 기억력은 점점 과거에 머물렀고, 밀라에게 자신의 어린 시절 이야기를 아주 자세하게 여러 번씩 말했다.

밀라의 어린 시절은 길었다. 그녀는 다 클 때까지도 아이 때 하던 놀이를 하며 놀았다. 그러다 열한 살이 되자 그녀의 어린 시절도 끝이 났다.

아이의 발달이 갑자기 호전되기 시작했다. 세 살 수준에 머물러 있던 지능이 발달했고, 말도 제법 잘 하고 청결에 신경쓸 줄도 알게 되었다.

그것 말고도 밀라는 가위로 종이 자르는 법을 배웠다. 엄마는 엽서와 지난 잡지를 잔뜩 가져다 줬고, 밀라는 아침부터 저녁까지 집중해서 조심스럽게 작은 꽃을 오려냈다.

그녀는 아주 진지하게 작업했다. 그리고 꽤 인정받을 만했다. 밀라가 아무 생각 없이 만들어낸 작품들을 의식적으로 의도를 가지고 만든 것 같아 보였다. 잘라낸 작은 조각들은 종이에 붙여가며 말 머리, 자동차 바퀴, 여자 머리카락으로 하나의 그림을 만들었다. 나름대로 멋있는, 다듬어지지 않은 예술작품이었다. 집중하는 동안 침이 턱을 타고 흘렸다. 하지만 이 호기심 많은 장애아가 하늘이 준 예술혼을 불태우며 고민하는 모습을 보면서 울어줄 사람은 아무도 없었다.

밀라는 기뻐하며 엄마에게 작품을 가져갔다. 엄마는 머리를 쓰다듬으며 말했다. «정말 예쁘구나, 밀라야! 잘했다, 밀라야!» 그러면 밀라는 «잘했다. 잘했다.»라고 말하며 웃었다. 밀라는 점점 더 잘하려고 노력했다.

부하라는 시간이 갈수록 아름다움을 잃어갔다. 살이 빠지고, 안색이 어두워지고, 옷도 어둡게 입었다. 직장 동료들은 용한 의사를 찾아가라고 말했지만 그녀는 웃으면서 바닥만 볼 뿐이었다. 그녀는 스스로 아프다는 것을 알았고, 심지어 어떤 병인지도 알았다.

겨울이 끝나갈 무렵 그녀는 급하게 휴가를 내고 몇 년 만에 처음으로 밀라와 함께 고향에 갔다. 일주일 조금 넘게 떠나있었다. 부하라는 겨우 숨만 쉬는 상태가 돼서는 전보다 더 어두운 안색으로 웬 큰 자루를 가지고 돌아왔다.

자루에는 약초가 한 가득 있었다. 종류별로 나누는 데만도 오랜 시간이 걸렸다. 그러고나서 그녀는 나눠놓은 약초를 각각 작은 자루에 나누어 담고 끓이기 시작했다.

빠샤가 말했다. «부하라, 아시아 마녀 같으니라고!»

부하라는 한동안 말이 없다가 입을 열어 빠샤에게 말했다.

«빠샤, 저는 죽을 병에 걸렸어요. 하지만 지금 죽을 수 없어요. 어떻게 밀라를 남겨두고... 이 약초를 먹으면서 육 년은 더 살다 죽을 거예요. 한 노인이 저에게 약초를 줬어요. 영험한 사람이었어요. 마녀가 아니었다구요.»

빠샤는 부하라가 이렇게 길게 말한 것을 들어본 적이 없었다. 빠샤는 잠시 생각하다 부탁했다.

«나도 좀 주련.»

«건강하시잖아요. 저보다 오래 사실 텐데.» 부하라가 작은 목소리로 덧붙였다. 그녀의 말이 맞았다.

부하라는 약초물을 꾸준히 마셨고, 식사는 아주 조금씩 했다.

또 한가지 부하라가 하기 시작한 일이 있었다. 그녀는 밀라를 장애인 특수학교에 보내기 시작했다. 일자리도 옮겼다. 밀라가 다니는 학교 진료실에서 일하기 시작했다. 보육 전문가와 함께 그녀는 밀라에게 신발 신는 법, 바느질 하는 법, 야채 손질하는 법 같이 일상생활에서 필요한 것들을 가르쳤다.

밀라는 노력했고, 이 년 만에 기술가정 과목에서 일등을 했다. 그러나 글자와 숫자에서는 전혀 진전이 없었다. 밀라는 숫자 중에서 유일하게 '5'를 알아봤다. '5'를 보면 기뻐했고, 'M'이라는 글자를 구분해 냈다. 밀라는 저녁에 엄마랑 집을 나와 지하철 입구 위에 빛나고 있는 빨간색 'M'을 보는 것을 좋아했다.

«메, 미프로(지하철), 밀라!» 밀라는 이렇게 말하고는 행복하게 웃었다.

열일곱 살이 되자 밀라는 성숙해지기 시작했다. 통통한 몸에 가슴이 커졌다. 밀라는 부끄러워하기도 했지만 조금은 자랑스럽게 말했다.

«밀라 크다. 밀라 아줌마 됐다.»

밀라는 엄마에게 굽 높은 구두를 사달라고 부탁했다. 이 주 동안 구두 신고 걷는 법을 연습했다. 밀라가 구두를 신고도 잘 걷게 되자 엄마는 그녀를 보건소의 신경정신과 진료소로 데려갔다. 그곳에서 밀라는 편지봉투를 만들고 가위질을 하면서 사회에 유익한 사람이 되어갔다.

부하라는 딸의 곁에서 그녀를 돕기 위해 학교를 떠나 보건소 창구에서 일하기로 했다.

부하라는 보건소에서 진료소마다 진료카드를 나누어주며 환자들의 진료정보를 열심히 익혔다. 장애 수당을 받으려면 환자들은 매년 보건지도 프로그램을 들어야했다.

부하라는 이 사람들까지도 신경 썼다. 환자 정보에 대한 자료와 진료카드를 따로 만들기까지 했다. 그녀는 환자들뿐만 아니라 그들이 누구와 어디에 사는지에도 관심을 가졌다.

어느 날 짧은 바지 차림의 찰리 채플린의 눈을 닮은 작은 대머리 노인이 부하라를 찾아왔나. 그는 미리기 그고 선홍빛 미소를 띠고 있는 퉁퉁한 바보의 손을 잡고 들어왔다. 노인은 부하라에게 락찐 선생님이 어디 있느냐고 물었다.

부하라는 이미 퇴근했다고 답했다.

《이런, 이런, 이런.》 노인이 말하기 시작했다.

부하라는 노인 옆에 서 있는 남자를 흘깃 쳐다봤다. 마찬가지로 대머리였고, 순한 인상의 뚱뚱한 남자였다. 그는 서른 살쯤 돼 보였다. 하지만 부하라는 아픈 사람들은 사는 방식과 나이 드는 방식이 일반 사람들과는 다르다는 것을 이미 잘 알고 있었다. 보통 어린 시절에는 한없이 아이 같다가도 어느 순간 갑자기 늙어 버린다.

《성이 어떻게 되죠?》 부하라가 공손하게 물었다.

《베르만이오.》 노인이 대답했고, 그의 뚱뚱한 아들은 옆에서 고개를 끄덕였다. 《베르만 그리고리 나우모비치요.》 노인은 아들을 가리키며 다시 한 번 대답했고 아들은 여전히 고개를 끄덕이며 웃고 있었다.

부하라는 그리고리 베르만의 진료카드를 오랫동안 살펴봤다. 의사 소견란에는 베르만이 지능이 낮고 침착하며 성격이 좋고 발작증세가 없다고 쓰여 있었다.

다음날 부하라는 스따로삐메놉스끄 골목을 찾아왔다. 베르만 할아버지는 아들과 함께 이 골목에 있는 나무로 된 작은 3세대 주택에 살고 있었다.

베르만은 가죽 표지로 된 두꺼운 책 한 권을 읽고 있었다. 부하라는 어린 시절에 맡아본 듯한 오래된 가죽의 달콤한 냄새로 심장이 얼어붙는 듯했다.

그리고리는 의자에 앉아 더러운 흰 고양이를 쓰다듬고 있었다.

베르만 할아버지는 부산을 떨기 시작했다.

《그리고리, 어서 가서 물 좀 끓이거라.》 베르만이 말했다. 그리고리는 아주 조심스럽고 신중하게 주전자를 들고 방을 나갔다.

«일이 있어서 찾아왔어요, 베르만씨.» 부하라는 입을 열었다.

«그리고리가 오기 전에 할 말이 있어요. 저에게는 딸이 있어요. 아주 착하고 침착하고 상냥한 아이예요. 그 아이도 당신의 아들과 같은 병을 앓고 있어요.»

베르만은 무엇인가를 말하려 했지만 부하라는 공손하지만 엄하게 그를 멈추고 말을 이어나갔다. «저는 아파요. 곧 죽을 거예요. 그 전에 딸을 좋은 사람과 결혼시키고 싶어요.»

«부인! 무슨 말을 하는 거요? 무슨 생각을 하고 있는 겁니까? 누가 내 아들과 결혼하려 하겠소. 그 아이가 남편이 될 수나 있겠소? 당신 딸이 내 아들에게서 만족을 얻을 수 있을 거라고 생각하는 거요? 그렇소?»

부하라는 조용히 듣고 있었다. 잠시 후 그리고리가 돌아왔다. 그는 의자에 앉아 고양이를 앞혀 놓고 다시 쓰다듬기 시작했다. 부하라는 그런 그를 예리히고 주의 깊게 바라봤다. 그리고 말했다.

«그리고리! 아버지랑 우리 집에 놀러 오지 않을래요? 우리 딸 밀라를 소개시켜 주고 싶어요.» 그리고 나서 부하라는 베르만 쪽으로 돌아서서 유대인 특유의 억양으로 말했다. «소개 시켜준다고 나쁠 것 없잖아요?»

부하라는 일요일에는 하루 종일 침대에서 일어나지 않았다. 누워 지내며 체력을 아꼈다. 그녀의 안색이 부쩍 어두워졌다. 노인의 얼굴이 돼 버렸다. 부하라의 나이는 사십도 안됐지만 새까맣고 강한 머리카락 말고는 나이에 맞는 젊음은 찾아볼 수 없었다.

밀라는 엄마에게 뜨거운 약초물을 가져와 침대 곁에 앉았다. 부하라는 아이를 쓰다듬으며 말했다.

«고마워, 우리 딸. 중요한 얘기 하나 해줄게. 정말 중요한 거란다.» 밀라는 고개를 들었다. «네가 결혼을 했으면 좋겠구나.»

«엄마는?» 밀라는 놀랐다. «엄마가 결혼하는 게 낫지. 나는 남편 필요 없어.»

부하라는 웃었다.

«엄마는 이미 결혼 했었잖니. 오래 전이지만. 이제는 너도 남편이 있어야지. 너도 이미 다 컸잖아.»

«싫어. 결혼하기 싫어. 엄마가 있었으면 좋겠어. 남편 말고 엄마.» 밀라는 속상했다.

부하라는 밀라가 이렇게 나오리라고는 예상하지 못했다.

«엄마는 곧 떠나. 엄마가 말했지.» 부하라가 딸에게 말했다.

«가지마. 떠나지마! 싫어!» 밀라는 울기 시작했다. 부하라는 곧 떠날 거라고 딸에게 이미 여러 번 이야기했다. 하지만 밀라는 믿지 않았고 엄마의 말을 금방금방 잊었다. «밀라도 떠날 거야!»

밀라는 마음이 불안할 때면 자신을 1인칭으로 말하는 법을 잊었다. 그리고 아이 때처럼 3인칭으로 말하곤 했다.

«나는 너와 아주 오랫동안 함께 살았어. 항상 함께였지. 이제 떠나야 해. 남편이 옆에 있을 거야. 혼자 있는 게 아니야. 빠샤 할머니도 계실 거란다.» 부하라가 꾹꾹 참으며 설명했다. «남편은 좋은 거야. 좋은 남편이지.»

«밀라는 나빠?» 밀라가 엄마에게 물었다.

«착하지.» 부하라가 밀라의 통통하고 동그란 머리를 쓰다듬어 주었다.

«내일은 가면 안돼.» 밀라가 부탁했다.

«내일은 안 가.» 부하라는 이렇게 말하고 눈을 감았다.

부하라는 페르가나로 가서 오빠와 지내다가 죽음을 맞이하겠다고 이미 오래 전부터 계획하고 있었다. 밀라가 자신의 죽음을 지켜보는 것이 싫었고, 차츰차츰 엄마의 존재를 잊어가길 바랐기 때문이다. 밀라의 기억력은 그리 좋지 않았다. 사람도 사건도 오래 기억하지 못했다.

모든 것이 부하라의 생각대로 흘러갔다. 베르만은 아들과 누이, 왜소한 할머니를 데리고 부하라의 집을 찾았다. 빠샤는 집을 청소했고, 부하라는 케익을 샀다. 부하라는 요리를 전혀 할 수 없었다. 불에 가까이 가거나 음식 냄새를 맡으면 몸 상태가 악화됐다.

이들은 차를 마시며 이야기했다. 베르만과 함께 온 할머니는 말이 많은 사람이었다. 대답이 필요 없는 이상하고도 의미 없는 질문을 많이 던졌다. 그리고리는 내내 웃으며 아빠에게 케익 한 조각을 더 먹어도 되는지 계속해서 물어보며 열중해서 먹었다. 부하라는 손님들의 모습 속에서 밀리가 탁자에 음식을 흘리거나 더럽힐까봐 걱정하며 조심스럽게 움직이려고 매우 노력하고 있다는 것을 발견했다.

밀라가 의자에서 내려왔다. 그녀는 키가 작았지만 가슴은 아주 풍만했다. 그리고리에게 다가갔다.

«가자, 보여줄 게 있어.» 밀라가 그리고리를 불렀다. 그는 착한 아이처럼 먹던 케익 조각을 내려놓고 그녀를 따라 작은 방으로 갔다.

함께 온 할머니가 갑자기 입을 열었다.

«부하라 부인의 말대로 하는 게 옳은 건지도 모르겠어. 집도 아주 좋구먼. 옛날에 장군들이 살던 집 같네그래.»

밀라는 자기 방에서 그리고리에게 사진첩을 보여줬다. 그리고리는 케익에 들어있던 견과류를 입에 문 채 사진을 보며 좋아했다. 그러다 밀라에게 물었다.

《맞춰봐. 내 입 속에 뭐가 들었게?》

밀라는 잠시 생각하고 말했다.

《이빨!》

《땅콩이야.》 그리고리는 웃으며 입에서 땅콩을 꺼내 손바닥에 올렸다.

얼마 지나지 않아 이 둘은 혼인신고를 했다. 그리고리는 밀라네 집으로 이사 왔다. 부하라는 결혼식 한 달 후 고향으로 돌아갔다.

처음에 밀라는 엄마의 물건을 보며 '엄마 앞치마, 엄마 찻잔......'이라며 슬프게 말하곤 했다. 그러나 빠샤 할머니가 부하라의 물건을 조금씩 조금씩 정리했고 밀라는 엄마에 대해 더 이상 떠올리지 않게 됐다.

아침마다 밀라는 작업실에 일하러 갔다. 그녀는 종이 오리는 것을 좋아했고, 그 누구보다 잘했다. 그리고리는 매일 밀라를 트램까지 바래다주고 또 마중 나갔다. 그들은 항상 손을 잡고 길을 걸었다. 밀라는 높은 구두에 엄마의 분홍 원피스를 입고 다녔고 그녀의 남편은 머리가 크고 대머리였다. 둘다 공짜로 받은 이상한 동그란 안경을 쓰고 다녔다. 그들을 쳐다보지 않는 사람이 없을 정도였다. 꼬마들은 이들에게 소리지르며 놀리기도 했다.

그렇지만 둘은 다른 사람이 자신들을 어떻게 보고 있는지도 모를 만큼 서로에게 정신이 팔려있었다.

정류장에 다다랐다. 키가 작은 밀라는 겨우겨우 트램에 탔다. 그리고리는 그녀가 트램에 타는 것을 도와준 후 트램이 보이지 않을 때까지 손을 흔들어 주었다. 밀라도 웃으며 손을 흔들었다.

이들의 결혼은 아주 멋졌다. 하지만 비밀이 하나 있었다. 정작 주인공들은 자신의 결혼에 대해 몰랐다는 것이다. 건강한 일반 사람들의 눈에는 진정한 결혼이 아니었다.

빠샤 할머니는 벤치에 앉아 동네 할머니들에게 목을 꼿꼿이 세우고 말했다.

«당신들은 이해 못할 거요! 부하라가 우리 중에서 가장 똑똑했네그래! 저만치 앞날을 다 내다봤으니까! 밀라를 좋은 사람한테 시집도 보내고 말이야. 그 길로 고향에 돌아가 5일 만에 죽었지... 어디 할 말 있으면 해봐요!»

그 누구도 더 이상 아무 말도 할 수 없었다. 모두 맞는 말이었다.

ДОЧЬ БУХАРЫ

직독 직해

Дочь Бухары[1]

В этом архаическом[2] районе Москвы / не было / семей-
모스끄바의 이 오래된 마을에는 없었다 가족의

ных тайн. // Не было / даже обыкновенной частной
비밀이. 없었다 평범한 사생활조차.

жизни[3]. // Здесь / все всё знали / друг о друге. //
이 곳에서는 모두가 모든 것을 알았다 서로에 대한 것을.

Возможность видеть и участвовать / в жизни соседей /
보거나 참여할 수 있는 기회가 이웃의 삶에

была ежеминутной / и неизбежной. // Скандалы справа /
1분마다 있었다 그리고 피할 수 없었다. 사건사고가 오른쪽에

и весёлая пьяная компания слева. //
기분 좋게 취한 무리는 왼쪽에 있었다.

В глубине этого района, / среди сараев и бараков[4], /
이 동네 깊숙한 곳에 헛간들과 판자촌 가운데

стоял / симпатичный флигель[5], / построенный / ещё до
서 있었다 매력적인 외딴집이 세워진 혁명 전에.

революции. // Флигель / и небольшой сад / окружал /
외딴집 그리고 작은 정원 주변을 둘러쌌다

давно неремонтированный забор. // Во флигеле / жил /
오랫동안 수리되지 않은 담벼락이. 외딴집에는 살았다

старый доктор. //
나이든 의사가.

Однажды днём, / в конце мая / сорок шестого года, /
어느 날 낮에　　　5월 말　　　　46년의

во двор въехал / «опель-кадет» / и остановился / у дома
마을로 들어왔다　'오펠카데트'가　　그리고 멈춰섰다　　의사의

доктора. // Дверь машины открылась, / и из неё вышел /
집 근처에서.　차 문이 열렸다　　　그리고 차에서 내렸다

майор медицинской службы. // Он был такой правиль-
군의관 소령이 내렸다.　　　　그는 아주 바른 사람이었다

ный, / такой красивый, / такой русский, / как воино-
　　아주 잘생겼고　　전형적인 러시아인이었다　해방 영웅 같이

свободитель / с плаката. //
　　　　　포스터에서의.

Он обошёл машину, / открыл дверь / – и медленно-
그는 차를 돌아갔다　　문을 열었다　　　그리고 아주 천천히

медленно, / лениво, / из машины вышла / очень моло-
　　　　게으르게　　차에서 내렸다　　　아주 젊은 여자가

дая женщина / невиданной[6] восточной красоты. //
　　　　신비로운 동양의 미를 가진.

Все старушки / уже смотрели / на них / в окна, / со-
온 동네 할머니들은　이미 보고있었다　그들을　　창문으로

1 Бухара 우즈베끼스딴의 도시(중앙아시아), 주인공의 닉네임 | 2 архаический 옛스러운, 쇠퇴한 |
3 частная жизнь 개인의 생활, 한 사람의 삶 | 4 барак 방이 여러 개 딸린 집(보통 나무로 지어졌고,
공동 부엌과 화장실이 있다), 판자집 | 5 флигель 측면에 세운 건축, 곁채 | 6 невиданный 보통이 아
닌, 신비의

седи выбежали во двор, / и кто-то из женщин / торжественно[1] закричал: / «Дима! / Дима докторский вернулся!» //

Майор и восточная красавица / стояли / у забора. //

Навстречу им / уже спешил / старый доктор Андрей Иннокентьевич. //

Майор посмотрел / на соседей, махнул им рукой, / шагнул к деду / и обнял его. // Красавица / с туманно-чёрными глазами / скромно выглядывала / из-за его спины. //

Этот флигель / и прежде существовал / обособленно[2]. // С приездом докторского внука / жизнь в нём стала / ещё более особенной, / красивой и богатой. / Они были моло-

ды и счастливы. // Они не видели / ужасного контраста /
  그들은 보지 못했다   심각한 차이를

между своей жизнью и жизнью людей из бараков / – люм-
자신의 삶과 판자촌 사람들의 삶 사이에서   룸펜(부랑자)들인

пенов, / людей не от города и не от деревни. //
  도시 출신도 시골 출신도 아닌 사람들인.

Двор прозвал / анонимную[3] красавицу / – Бухара. //
마을은 불렀다   이름 모를 미인을   부하라라고.

Бухара / не любила / чужих глаз. // Пока строили / но-
부하라는 좋아하지 않았다 낯선 사람들의 시선을. 세워지는 동안

вый забор, / каждая соседка / старалась посмотреть /
새 담장이   이웃집 여자들은   보려고 애썼다

в окна флигеля. //
외딴집 창문을.

Полуголодные и нищие соседи / позволяли им / это
빈 쯤 굶주리고 가난한 이웃들은   이들에게 허락했다

аристократическое[4] право / жить втроём / в трёх ком-
이 호화로운 권리를   셋에서 살 수 있는   방 세 개에서

натах, / обедать в столовой / и работать в кабинете. //
식당에서 점심먹을 수 있는   그리고 서재에서 일을 할 수 있는. (권리)

---

1 торжественно 성대하게, 장엄하게, 엄숙하게 | 2 обособленно 특수하게, 고립되게 | 3 анонимный 익명의, 무명의 | 4 аристократический 귀족적인

Позволяли / потому, что доктор / бесплатно их всех лечил: / от детей до старух. // Остальные же жили здесь / по законам справедливости / и всеобщей равной и обязательной нищеты. //

Это была даже не семейная традиция, / а семейная одержимость[1]. // Отец Андрея Иннокентьевича / был военным фельдшером[2], / дед – полковым лекарем[3]. // Его сын тоже стал врачом. // Он умер / совсем молодым / во время эпидемии. // Сын оставил / после себя / годовалого[4] ребёнка, / которого дед и воспитал[5]. // Пять последних поколений[6] семьи / имели / одну особенность: / у высоких и сильных мужчин / было по одному сыну, / как будто / кто-то свыше / контролировал /

число / **этих крепких профессионалов-хирургов.** //
숫자를   이 변함없이 이어지는 외과의사라는 직업의.

Андрей Иннокентьевич знал об этом. // **Он грустно**
안드레이 인노껜찌예비치는 이 사실을 알았다.   그는 슬프게

смотрел / **на свою маленькую невестку**[7] / **и вспоминал** /
쳐다봤다   자신의 어린 며느리를   그리고 떠올렸다

свою жену Танюшу, / **которая давно умерла.** // **Танюша** /
자신의 아내 따냐(따뉴샤)를   오래전에 죽은.   따냐는

уже в восемнадцать лет / **была мужского роста,** / **сильная,** / **крепкая,** / **и здоровая.** //
이미 열여덟 살에   키가 남자만큼 컸고,   강하고   건장했으며   건강했다.

Пока Дмитрий выбирал место работы, / **жена его активно занялась домом.** // **До этого** / **в течение двадцати лет** / **хозяйством занималась Паша** / **– старая больничная санитарка.** //
지마(드미뜨리)가 일자리를 찾는 동안   그의 아내는 집안일에 열중했다.   그 전까지는   20년 동안   빠샤가 집안일을 도맡아 했다   나이든 간병인인.

---

1 одержимость 열정, 강하게 열중, 몰두하는 것 | 2 фельдшер 간호사 | 3 лекарь 의사 | 4 годовалый 한 살의 | 5 воспитать 기르다, 양육하다 | 6 поколение 세대 | 7 невестка 며느리

Паша обиделась / и перестала ходить. // Доктор впер-

вые в жизни поехал / к Паше в Измайлово, / нашёл её, /

сел на стул / и, глядя на икону, / сказал:

— Не знал, / что ты верующая[1], / — и строгим доктор-

ским голосом закончил: / — Я тебе, Паша, / отставки[2] не

давал. // Кухню сдашь[3]. // Будешь убирать мою комнату /

и стирать. // За работу / получать будешь / столько же,

сколько получала. //

Паша заплакала. //

— Ну, что ревёшь[4]? / — строго спросил доктор. //

— Что у вас убирать / в кабинете? / Раз, и вся работа… /

А готовить / она не умеет. //

— Собирайся, Паша, / поехали, / — приказал Андрей

Иннокентьевич, / и они вместе поехали / через всю Мос-
명령했다   그리고 그들은 함께 갔다   모스끄바를 지나

кву / к доктору. //
    의사에게로. (마을로)

   – Не надо тебе обижаться, / нам умирать скоро. //
   마음 상해 할 필요 없어요   우리는 곧 죽어요.

Пусть живут / как хотят, / ей рожать скоро, / – говорил
살게 둡시다   그들이 원하는 대로 그녀는 곧 출산을 해요   안드레이가

доктор Паше, / но она всё молчала / и только возле са-
빠샤에게 말했다   하지만 그녀는 내내 침묵했다 그리고 집에 다 와갈 때 쯤에서야

мого дома / ответила ему: /
             그에게 대답했다.

   – Да смотреть-то обидно. // Женился / на головёшке[5]
   그래요 보는 것만도 힘이 들어요.   (지마가) 결혼했네요 아시아 계집과

азиатской... / Одно слово – Бухара! /
   된 흰사람 부차라 때문에!

Видно, / Паша / ещё не до конца / стала интернаци-
~한 듯 하다 빠샤가   아직 끝까지   국제화되지 않았다.

оналисткой. //

1 верующий 신앙심이 깊은 | 2 отставка 해고 | 3 сдать кому что 누군가에게 어떤 일을 넘기다 | 4 реветь 울부짖다. 아우성치다 | 5 головёшка 까맣게 탄 나무조각

А «головёшка азиатская», / которую муж ласково называл Алечка, / молчала, / сияла[1] глазами в его сторону, / легко и ловко чистила дом. //

Доктор, когда был молодым, / подолгу жил / в Средней Азии. // Он много понимал / в традициях Востока. // Знал он, / что даже самая образованная азиатская женщина, / которая может писать стихи / на фарси и арабском, / абсолютно подвластна[2] свекрови. //

Из окна кабинета / доктор смотрел, / как его беременная невестка чистит посуду. //

«Бедная девочка, / – думал старик, / – трудно ей будет привыкать». //

Но она поняла всё / быстро. //

Не свекровь / и не служанка. // Подумала и поняла: /
시어머니가 아니다   그리고 하녀가 아니다.   잠시 생각하더니 깨달았다

старая Паша – кормилица[3]. //
빠샤 할머니는 유모다.

С этой минуты / у Паши не было / больше претензий[4]. //
이 때부터   빠샤에게는 없었다   더 이상의 주장이.

Алечка была с Пашей ласковой, / уважительной и про-
알레치까는 빠샤에게 친절하고   예의바르며 편안하게 대했다.

стой. //

На доктора / она не могла поднимать / своих смирен-
의사에게   알레치까는 올려다 볼 수 없었다   자신의 온순한 눈을

ных глаз, / потому что / он был седой. // Но, / кроме
왜냐하면   그는 백발의 노인이었기 때문이다. 하지만 그뿐만

того, / доктор был похож на её отца / – узбекского учё-
아니라   의사는 그녀의 아버지와 닮았다   우즈베끼스딴의 학자였던

ного, / который умер незадолго до войны. // Ему / не мог-
전쟁이 있기 얼마 전에 죽은.   그에게   정해줄

ли определить / правильного места / в новом пантеоне[5]
수 없었다   맞는 자리를   소비에트 활동가들을

---

1 сиять 기쁨에 빛나다, 환해지다 | 2 подвластен, -тна (형용사 подвластный의 단어미형) ~의 권력 아래 있다 | 3 кормилица 다른 사람의 아이에게 젖을 물려주는 여자 | 4 претензия 요구, 청구 | 5 пантеон 판테온(신들을 모신 신전)

советских узбекских деятелей, / выбирая между образом / востоковеда-полиглота[1], / исследователя / и знатока фольклора / и широко образованного в восточной медицине врача. //

Сам он / в конце жизни / предпочёл религию / и писал / до конца дней своей жизни / трактат / о ночном путешествии Мохаммеда[2] / в Небесный Иерусалим[3]. // Это тоже стало / серьёзной проблемой / к официальному посмертному[4] признанию его... // Был он человек / свободных взглядов, / поэтому дал / хорошее образование / не только своим многочисленным сыновьям, / но и дочерям. //

Младшая дочь доучиться не успела / при жизни отца, / она закончила / только медицинское училище... //

Андрей Иннокентьевич неожиданно и легко / вскоре после рождения правнучки / умер. // Он так и не узнал, / что в маленькой желтолицей / и желтоволосой девочке / течёт / рафинированная[5], многовековая кровь / лучших медресе[6] Азии. // Девочку торжественно привезли / из роддома[7] им. Крупской / в сером «опель-кадете». //

С первого же взгляда / ребёнок очень насторожил старого доктора. // Девочка была не активная, / с характерными для монгольской расы глазами, / с гипотонусом[8], / не было / и некоторых важных рефлексов. //

---

1 востоковед-полиглот 동양어를 여러개 구사하는 동양학자 | 2 Мохаммед 마호메트라고도 함. 이슬람에서 신이 보낸 대사. 움마(이슬람 공동체)의 창시자 | 3 Небесный Иерусалим (관용어) 하늘에 있는 신의 왕국 | 4 посмертный 죽음 후의 | 5 рафинированный 정제·정련용의 | 6 медресе 이슬람 중·고등 신앙학교로 종교인. 이슬람 초등학교 교사 및 중동지역 정부기관 공무원 양성 학교 | 7 роддом 출산하는 곳 | 8 гипотонус 근긴장저하증

85

Дмитрий в педиатрии ничего не понимал, / но тоже был внутренне неспокоен / и гнал / от себя / плохие мысли. //

Назвали девочку Людмилой, / Милочкой. // Аля называла её Милей. // Она всё время держала девочку / на руках / и даже ночью / спала с ней. //

Старый доктор умер, / не сказав / о своих подозрениях, / но к полугоду / и самому Дмитрию было совершенно ясно, / что ребёнок неполноценный[1]. //

Он отвёз девочку / в институт педиатрии / к академику Клозовскому, / который в присутствии восхищённых ординаторов[2] и аспирантов[3] / осмотрел ребёнка. // Вскоре он провозгласил диагноз, / по тем временам редкий /

– классический синдром Дауна. //
전형적인 다운증후군이라는 결과를.

После пятиминутной беседы с академиком / Дмитрию
오 분 동안 이어진 의사와의 대화 후   드미트리는

стало ясно, / что ребёнок безнадёжен[4] / и никакая меди-
알게됐다   아이에게는 희망이 없다는 것을   그리고 어떠한 의학도 도움이

цина не поможет. // Академик утешил тем, / что такие
되지 않을 것이라는 사실을.   의사는 안심시켰다   이런 아이들은

дети, / к счастью, / не доживают до совершеннолетия[5]. //
         다행히도   성년이 될 때까지 살지 못한다고.

По дороге домой / неполноценная девочка спокойно
집으로 오는 길에   온전하지 못한 아이는 평온하게 잠을 잤다.

спала. // Красавица мать / бережно и нежно прижима-
              미인 엄마는   소중하고 부드럽게 끌어안았다

ла / к себе / свою драгоценность. // А Дмитрий напря-
자신 쪽으로 자신의 보물을.   하지만 지마는 긴장 속에 생각했다

жённо думал, / поняла ли его жена / диагноз, / и не мог
                   아내가 이해를 하긴 했는지   진단을   그리고 그녀에게

её об этом спросить. //
이에 대해서 물어볼 수 없었다.

---

1 неполноценный 질적으로 낮은, 발달이 늦은 | 2 ординатор (의과대학) 인턴 | 3 аспирант 박사과정생, (의과대학) 레지던트 | 4 безнадёжный 개선의 여지가 없는, 희망이 없는 | 4 совершеннолетие 성년

Со временем / Дмитрий Иванович перечитал / американские медицинские журналы[1], / изучил эту болезнь / и, проклиная[2] генетику, / он мучительно вспоминал / о самых счастливых минутах жизни, / о первых днях любви / к восточной красавице, / к настоящему чистому чуду / военного времени, / которую прислали работать в госпиталь. //

Она обнимала / своего первого и единственного в жизни мужчину / и шептала: / «Имя Дмитрий было написано / у меня на груди» / — и произносила слова / на чужом восточном языке, / которые были словами не ласки, но молитвы... //

Именно тогда / одна лишняя хромосома[3] / или её часть /

отошла / не в ту клетку, / и эта микроскопическая[4] ошиб-
떨어져나갔다 잘못된 세포로   그리고 이 작디 작은 실수 하나가 앞날을 결정지

ка определила дальнейшее. //
었다.

    Жена Дмитрия и не замечала / неполноценности де-
    지마의 아내는 알지 못했다.   아이가 아프다는 사실을.

вочки. // Она наряжала её / в красивые платья, / делала
그녀는 아이에게 입혔다   예쁜 원피스를   머리에

на голове / нарядные бантики / и любовалась / бессмыс-
해 주었다 귀여운 리본을   그리고 사랑했다   아무것도

ленной[5] жизнерадостной мордочкой[6]. //
모르는 밝은 얼굴을.

    Милочка улыбалась / и была спокойной / – не плака-
    밀라(밀로치까)는 웃었다   그리고 침착했다   울지 않았고

ла, / не обижалась, / не сердилась. // Она никогда не
        투정부리지 않았고   화를 내지 않았다.   아이는 절대로 하지 않았다

делала того, / чего нельзя делать. // Книжек не портила, /
            해서는 안 되는 것을.   책을 찢지 않았다

к огню не подходила, / одна на улицу не выходила. //
불 쪽으로 다가가지 않았다   혼자서 밖에 나가지 않았다.

---

1 스딸린 시대에 유전학은 금지된 학문이었기 때문에 지마는 관련 자료를 외국 잡지를 통해서만 읽을 수 있었다. | 2 проклинать(-проклясть) кого что 화를 내며 혼내다 | 3 хромосома 염색체 | 4 микроскопический 현미경을 사용한, 미세한 | 5 бессмысленный 부질없는, 어리석은 | 6 мордочка (구어) 아이 얼굴

89

Дмитрий Иванович, / наблюдая за дочерью, / с горечью думал о том, / каким чудесным ребёнком могла бы быть / эта девочка. //

Единственной неприятностью Милочки / была её нечистоплотность[1]. // Она не могла / усвоить понятие «грязный», / хотя / многое другое, / более сложное, / она понимала. // Так, «хорошее» и «плохое» / она по-своему различала. // Самым сильным наказанием матери / были слова: / «Мила плохая девочка». // Она закрывала лицо / руками / и сильно плакала. // Её наказывали редко, / обычно за «грязь» / : испачканное[2] платье, одеяло, стул. //

Милочка любила / полужидкую землю. // Это была

её стихия. // Она часами могла / месить³ её / и лепить⁴,
본능이었다.　　　　　밀라는 몇 시간이고 할 수 있었다　진흙을 뭉개는 것을　그리고 빚고

лепить... //
또 빚는 것을.

Дмитрий Иванович много работал / в своей больнице. //
지마는 많이 일했다　　　　　　　　　자신의 병원에서.

Возвращался / домой / поздно. // Каждый вечер / он
돌아왔다　　　집으로　　늦게.　　　매일 저녁　　　그는

чувствовал / привычное отчаяние. // Жена его / так силь-
느꼈다　　　습관적인 절망을.　　　그의 아내는　~할 정도로 많이

но / прилепилась к дочери, / что черты Милочкиной⁵
　 딸에게 매달렸다　　　　　　밀라의 온전하지 못한 증상이

неполноценности / как бы переходили в неё. // Она ста-
　　　　　　　마치 그녀에게 옮겨가기라도 한 듯이.　　　그녀는

новилась / всё более чужой. //
되어갔다　　점점 낯설게.

Вся магия / близости с этой прекрасной восточной
모든 매력이　　이 훌륭한 동양 미녀에게 붙어있던

красавицей / куда-то уходила. // В нём появился / глу-
　　　　　어디론가 사라져 갔다.　　그 자리에 나타났다　　깊고

1 нечистоплотность 자신을 돌보는데 조심스럽지 못하고 무관심한 모습 | 2 испачканный 온통 더럽혀진 | 3 месить 흙을 반죽하다 | 4 лепить 빚다. 만들다 | 5 Милочкин(-а, -о, -ы) 밀로치까 (밀라)의

бокий тёмный страх,/ что и второй ребёнок / может ро-

диться больным. // Страх усиливался[1] / и в конце кон-

цов / лишил Дмитрия Ивановича / желания обнимать /

это женское совершенство. //

    Операционная сестра Тамара Степановна, / крупная

и грубая, / освободила Дмитрия Ивановича / от предрас-

судков[2] пуританского[3] воспитания, / а красавицу Буха-

ру / – от мужа. //

    Тамара Степановна и не думала / о таком успехе. //

Она знала / одну важную мужскую тайну: / сильнее все-

го укреплять / слабое место. // Она сказала / Дмитрию

Ивановичу, / что не может иметь детей. // И он / с этой

немолодой / и некрасивой женщиной / освободился / от

кошмарного миража⁴ / неправильного движения хромо-
끔찍한 걱정으로부터   유전자가 잘못될 것이라는.

сом. //

Дмитрий Иванович сообщил / жене, / что он уходит / к
지마는 통보했다   아내에게   떠나겠다고   다른

другой. // Она не подняла / глаз, / не показала / никакого
여자에게.   그녀는 들어올리지 않았다 눈을   보이지도 않았다   아무런 감정을

чувства, / только спросила его, / зачем ему уходить… //
              그저 그에게 물었다   왜 떠나야 하느냐고.

Дмитрий не понял / вопроса / и начал объяснять… //
지마는 이해하지 못했다   질문의 뜻을   그리고 설명하기 시작했다.

  – Я знаю, что я тебе надоела. // Приведи / новую жену /
   나에게 질렸다는 것 알아요.   데려와요.   새 아내를

сюда. // Я согласна. // Я сама родилась / от младшей
여기로.   나는 동의해요.   나도 스스로도 태어났어요   첩에게서…

жены⁵… / – не поднимая глаз, / сказала Бухара. //
              눈을 내리깐 채   부하라가 말했다.

  Дмитрий Иванович был в ужасе / от этих слов / и ве-
  지마는 괴로워했다   그 말을 듣고   그리고

1 усиливаться 강화되다, 증대되다 | 2 предрассудок 편견, 선입관 | 3 пуританский 청교도적
인 | 4 мираж 환영, 환상 | 5 младшая жена 어린 부인, 첩

чером ушёл / к Тамаре Степановне. //

К Милочке / он никогда не приходил. // За три дня / девочка его забыла. // После его ухода / Паша переехала жить / в докторский флигель, / а Бухара пошла / работать по специальности. //

Круто[1] изменилась / жизнь. // Прежний огромный интерес соседей / к Бухаре и её дочери / теперь сменился / агрессивным желанием / потеснить[2] её. // Были написаны / различные бумаги[3] / в райжилотдел[4], / в милицию / и другие организации. // Но времена уже были прогрессивные[5], / ни выселить, / ни даже потеснить их / не могли. // Но милиционер Головкин / приходил / посмотреть комнаты. //

Дохлых[6] кошек / постоянно бросали / в сад Бухары. //
죽은 고양이를   계속해서 던졌다   부하라의 정원으로.

Бухара выносила / их / на помойку. // Если кошку на-
부하라는 옮겼다   그것들을   쓰레기통으로.   밀라는 죽은 고양이를

ходила Милочка, / то она хоронила / её / под деревом, /
발견하면   그녀는 묻어주었다   고양이를   나무 밑에

делала на могиле / секретный памятник. // Она часами
무덤에 만들어줬다   비밀 비석을.   아이는 몇 시간을

трудилась, / организовывая эту красоту. // Когда прихо-
일했다   무덤을 예쁘게 만들어주느라.   그러다 엄마가 오면

дила мама, / она показывала / свою работу / и говорила: /
   그녀는 보여주었다   자신이 만든 것을   그리고 말했다

– Киса[7] там. //
고양이가 저기 있어요.

Толстая Милочка росла / в счастливом одиночестве. //
통통한 밀라는 자랐다   행복한 고독 속에서

Была / мама, / Паша, садик, / множество значительных /
있었다   엄마.   빠샤. 작은 정원.   많은 소중한 것들

и огромных по смыслу вещей: / бочка с водой, / запахи, /
그리고 의미 있는 물건들이   그리고 물이 담긴 통.   냄새들.

1 круто 급격히, 빠르게 | 2 потеснить кого-что 압박하다, 조르나 | 3 бумага (구어) 서류 | 4 райжилотдел(районный жилищный отдел) 지역 주택 부서(지역 주택 문제 주무기관) | 5 прогрессивный 점진적인, 진보적인 | 6 дохлый 죽은 | 7 киса (구어) 고양이

старое дерево, / листья, / мелкая животная жизнь, / беседка, / куда Милочка уходила сосать[1] пальчики... //

Ей шёл восьмой год. // Она знала / много вещей / на вид, / на запах / и на ощупь[2]. // Только слов / говорила / немного. // Произносила их / странно, / как будто речевой аппарат был создан / для другого языка. //

Старая Паша любила / Милочку. // «Жалкая моя», / – звала она её. // Когда Бухара уходила / на работу, / Паша подолгу / что-то рассказывала / девочке. // Память Паши ушла / в прошлое, / и она детально, / по многу раз рассказывала / Милочке / истории из своего детства. //

Детство Милочки было долгим: / она всё играла / в простые младенческие[3] игры... // Но этот период / стал закан-

чиваться / к её одиннадцатому году. // Она вдруг стала
   11살 즈음에   그녀는 갑자기 나아지기

улучшаться / в развитии. // Её трёхлетний разум стал взрос-
시작했다   발달하는 방향으로.   아이의 세 살 지능이 성숙해졌다

леть⁴, / она стала лучше говорить / и очень заботиться /
          그녀는 말을 잘하게 됐다   그리고 아주 신경쓰기 시작했다

о чистоте. //
청결에 대해.

  И ещё / она научилась / вырезать ножницами / из
  그것 말고도 밀라는 배웠다   가위로 오려내는 법을   종이를.

бумаги. // Теперь мать проносила / ей / множество откры-
          이제 엄마는 가져다줬다   그녀에게   많은 엽서와

ток, / старых журналов, / и Милочка внимательно / и
      지난 잡지를   그리고 밀라는 집중해서

аккуратно / с утра до вечера / вырезала / какие-нибудь
그리고 조심스럽게 아침부터 저녁까지   오렸다   작은 꽃들을.

мелкие цветочки. //

Работала она / серьёзно, / и была достойна уважения. //
그녀는 일했다   진지하게   그리고 인정받을 만했다.

1 сосать 빨다 | 2 ощупь 촉감 | 3 младенческий 어린, 미숙한 | 4 взрослеть 어른이 되다

Бессмысленная её деятельность / была похожа / на разумный[1] и сознательный[2] труд. // Она приклеивала / свои вырезки / на листы, / составляла / какие-то комбинации[3] / из голов лошадей, / колёс автомобилей / и женских причёсок. // Это было по-своему привлекательно / и дико-художественно. // Слюна[4] усердия текла[5] / по подбородку. // Но некому было плакать, / видя, / как мучается / бедная творческая душа, / которую небесная воля[6] загнала[7] / в трудолюбивого уродца[8]... //

Радостно / она приносила матери / свою работу, / мать гладила её / по голове / и говорила: / «Очень красиво, / Милочка! Хорошо, Милочка!» / – и девочка смеялась: / «Хорошо! Хорошо!». // Видно, / она стремилась / к со-

вершенству... //
향해.

    Бухара / тем временем / перестала быть красавицей. //
부하라는 시간이 갈수록 아름다움을 잃어갔다.

Она похудела, / потемнела лицом, / оделась в тёмное. //
살이 빠지고, 안색이 어두워지고, 옷을 어둡게 입었다.

    Коллеги по работе говорили, / что ей надо сходить / к
직장 동료들은 말했다 그녀가 다녀와야 한다고

хорошему врачу, / но она только улыбалась / и опускала
용한 의사에게 하지만 그녀는 웃기만했다 그리고 내리깔았다

вниз/ глаза. // Она знала, / что больна, / и даже знала /
눈을. 그녀는 알았다 아프다는 것을 그리고 심지어 알았다

чем. //
어떤 병인지.

    В конце зимы / она неожиданно взяла / отпуск / и по-
겨울이 끝나갈 무렵 그녀는 난데없이 냈다 휴가를 그리고

летела / с Милочкой / на родину, / впервые за много лет. //
날아갔다 밀라와 고향으로 몇 년 만에 처음으로.

Их не было / чуть больше недели. // Вернулась / Бухара /
그들은 없었다 일주일 조금 넘게. 돌아왔다 부하라가

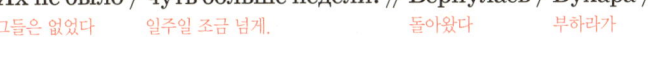

1 разумный 이성적인, 분별있는, 영리한 | 2 сознательный 지각있는, 의식있는 | 3 комбинация 조합, 결합 | 4 слюна 침, 타액 | 5 течь 흐르다, 새다 | 6 небесная воля 신의 의지, 능력 | 7 загнать 몰아 넣다 | 8 уродец (урод의 지소형) 신체적 결함이 있는 사람

еле живая, / ещё более тёмная, / с каким-то огромным мешком[1]. //

В мешке была / трава, / которую она долго сортировала[2]. // Потом она разложила[3] / её / по маленьким мешочкам / и стала варить. //

Паша говорила: / «Ну, Бухара, / ведьма[4] азиатская!»

Бухара молчала, молчала, / а потом сказала / Паше: /

– Паша, / у меня болезнь / смертельная[5]. // Я сейчас умереть не могу, / как Милочку оставлю… // Я с травой ещё шесть лет буду жить, / потом умру. // Мне старик траву дал, / святой человек. // Не ведьма. //

Таких длинных разговоров / Паша / от неё / никогда на слышала. // Подумала / и попросила: /

– Ты / и мне / дай. //
너 나에게도 주련.

– Ты здоровая, / больше меня проживёшь, / – тихо до-
«당신은 건강하시잖아요, 저보다 오래 사실 거예요.»라고 작게 덧붙였다

бавила / Бухара, / и Паша ей поверила. //
부하라가 그리고 빠샤는 그녀를 믿었다.

Бухара всё пила / свою траву, / ела / совсем мало. //
부하라는 계속 마셨다 자신의 약초를 먹었다 아주 조금씩.

И ещё одно дело / начала / она / – стала водить / Ми-
그리고 또 한가지 일을 시작했다 부하라가 데려다주기 시작했다 밀라를

лочку / в специальную школу / для дефективных[6]. //
특수학교에 장애인을 위한.

Она и работу поменяла. // Стала работать / в медицин-
그녀는 일자리도 바꿨다. 일하기 시작했다 진료실에서

ском кабинете / в этой же школе. // Со специалистом-
바로 그 학교에서. 보육 전문가와 함께

воспитателем / она старалась научить / Милочку / жиз-
그녀는 가르치려고 노력했다 밀라에게

ненной науке: / надевать / ботинки, / шить, / чистить
일상생활에 필요한 것을 신는 법을 신발을 바느질 하는 법을 야채

---

1 мешок 자루, 주머니 | 2 сортировать 분류하다, 선별하다 | 3 разложить 사방에 나누어 두다, 진열하다 | 4 ведьма 악한 힘을 부리는 마법사, 사람을 해치는 능력이 있는 사람 | 5 смертельный 치명적인, 생명에 관계되는 | 6 дефективный 결함이 있는, 이상한

овощи... /
손질하는 법을.

Милочка старалась / и стала/ за два года / отлични-
밀라는 노력했다   그리고 되었다 이 년 만에   일등이

цей / по трудовому обучению. // С буквами и цифрами, /
기술가정 과목에서.   철자와 숫자는

правда, / у неё / абсолютно ничего не получалось. // Из
당연히도   그녀에게는   전혀 아무것도 얻어지지 않았다.

всех цифр / она узнавала / только «5», / радовалась / ей, /
모든 숫자 중에 밀라는 알아봤다 '5'만을   기뻐했다 그 숫자를

да букву «М» / различала. // Большой радостью было /
그리로 철자 'М'을   구분했다.   큰 기쁨이었다

для неё / выйти вечером / из дому / с матерью / и посмо-
밀라에게   저녁에 나가는 것이   집에서   엄마랑   그리고 보는

треть / на красную букву «М», / горящую / над входом
것이   빨간 'М'을   빛나고 있는 지하철 입구

в метро. //
위에서.

— Мэ, метро, Мила! / — говорила она / и счастливо сме-
메, 미뜨로(지하철), 밀라!   말했다 그녀는   그리고 행복하게 웃었다.

ялась. //

На семнадцатом году / Милочка стала оформляться[1], /
열일곱 살에   밀라는 성숙해지기 시작했다

на толстеньком туловище[2] / выросла / грудь. // Милочка
통통한 몸에   자랐다   가슴이.   밀라는

стеснялась / и немного гордилась, / говорила: /
부끄러워했다   그리고 조금은 자랑스러워 했다   그리고 말했다

– Мила большая, / Мила тётя... /
밀라 크다   밀라 이모다.

Попросила / у матери / туфли на каблуках. // Две
부탁했다   엄마에게   굽 높은 구두를.   2주 동안

недели / Милочка училась / ходить в них. // Когда на-
    밀라는 배웠다   구두를 신고 걷는 법을.   밀라가 다 배우자

училась, / мать отвезла / её / в мастерскую / при психо-
    엄마는 데리고 갔다 밀라를 작업실로   신경정신과

неврологическом³ диспансере⁴. // Там надо было / делать
진료소 산하의.   그곳에서 해야했다   편지봉투

конверты, / вырезать что-то / ножницами / и становить-
만드는 것을   무언가를 오려내는 일을 가위로   그리고 되어갔다

ся / полезным членом общества. //
    사회의 유익한 일원이.

Бухара ушла / из школы, / поступила работать / в ре-
부하라는 떠났다   학교를   일하러 들어갔다   보건소

гистратуре диспансера, / чтобы быть / рядом с дочерью /
창구에서   있기 위해서   딸의 곁에

1 оформляться 완전한 형식·구성을 하다 | 2 туловище 몸, 몸통 | 3 психоневрологиче
ский 정신신경증의 | 4 диспансер (소련방의) 공중보건지도소

и помогать ей. //
그리고 그녀는 돕기 위해.

Бухара разносила / медкарты[1] / по кабинетам / и изу-
부하라는 나눠주었다   진료카드를   진료소마다   그리고

чала / клиентов. // Каждый год / все больные должны
공부했다 환자를.   매년   모든 환자들은 해야했다

были / пройти диспансеризацию[2], / чтобы получить /
    보건지도 프로그램 이수를   받기 위해

пенсию по инвалидности. //
장애 수당을.

Эти люди / и были интересны / Бухаре. // У неё был /
이 사람들은 마찬가지로 관심거리였다 부하라에게. 그녀에게는 있었다

даже маленький архив, / своя картотека. // Она инте-
심지어 작은 문서가   자신만의 진료카드집이.   그녀는 관심을

ресовалась / больным, / с кем живёт, / где... /
가졌다   환자들에게 그들이 누구와 사는지 그리고 어디에서.

Однажды к ней обратился / маленький лысый старик /
어느 날 부하라에게 찾아왔다   작은 대머리 노인이

в коротких брюках / и с глазами Чаплина[3]. // Он держал
짧은 바지를 입은   그리고 채플린을 닮은 눈을 가지고 있는. 그는 손을

за руку / толстого дебила[3] / с большой головой / и розо-
잡고 있었다 뚱뚱한 바보의   머리가 큰   그리고

вой улыбкой. // Старик спросил / у Бухары, / где врач
장미빛 미소를 띠고 있는. 노인은 물었다   부하라에게   락찐 선생님이

Рактин. //
어디 있는지.

Бухара ответила, / что Рактин ушёл. //
부하라는 대답했다   락찐 선생님이 퇴근했다고.

– Ай-яй-яй[4], / – заговорил / человек. //
이런, 이런, 이런.   말하기 시작했다   노인이.

А Бухара незаметно / разглядывала того, / который
부하라는 흘깃   쳐다봤다   옆에 서있는

стоял рядом, / – тоже лысого, добродушного и толстого. //
마찬가지로 대머리였고, 순한 인상의 뚱뚱한 남자를.

Было ему лет тридцать / или около того, / но Бухара уже
그는 서른 살쯤이었다   또는 그 즈음   하지만 부하라는 이미

знала, / что больные люди живут / и стареют / по-дру-
알았다   아픈 사람들은 산다는 것을   그리고 나이를 먹는다는 것을   다른

гому. // В детстве / они часто кажутся младше, / а потом /
방식으로.   어린 시절에   그들은 종종 나이보다 어려보인다   그러다 그 후에는

как-то сразу стареют... //
어느 순간 갑자기 나이가 든다.

– Ваша фамилия? / – спросила / Бухара / уважительно. //
성이 어떻게 되죠?   물었다   부하라가   공손하게.

– Берман, / – ответил старик, / а его толстый сын / заки-
베르만이오.   노인은   대답했다   그의 뚱뚱한

---

1 медкарта 진료카드(병력의 기록) | 2 диспансеризация 환자 관리, 치료 및 예방 지원 시스템 |
3 Чаплин 찰스 스펜서 채플린(1889–1977). 미국의 위대한 배우, 감독, 시나리오 작가, 프로듀서 | 4 де-
бил 바보 | 5 ай-яй-яй (구어) 매우 안타깝다

вал головой. // – Берман Григорий Наумович, / – повторил старик, / указывая / на сына, / а тот всё кивал / и улыбался. //

Она долго изучала / медкарточку Григория Бермана. // Врачи писали, / что у молодого человека сниженный интеллект, / спокойный, / хороший характер, / нет припадков[1]. //

На следующий день / Бухара приехала / в Старопименовский переулок, / где в маленьком деревянном домике на три семьи[2] / жил / старый Берман с сыном. //

Старик читал / одну / из толстых кожаных книг. // Сердце Бухары / замерло / от сладкого, / знакомого с детства запаха / старинной кожи. //

Григорий сидел / на стуле / и гладил / грязную белую
그리고리는 앉았다   의자에   그리고 쓰다듬었다 더러운 흰 고양이를.

кошку. //

Старый Берман засуетился[3]. //
베르만 할아버지는 부산을 떨기 시작했다.

– Гриша, / пойди поставь чайник, / – приказал Бер-
그리고리(그리샤) 어서 가서 물 좀 끓이거라.   베르만이 말했다.

ман. // И Григорий, / взяв очень аккуратно / и осторо-
그리고 그리고리는   아주 조심스럽게 잡고   그리고 신중하게

жно / чайник, / вышел. //
 주전자를   나갔다.

– Я пришла к вам / по делу, / Наум Абрамович, / – на-
저는 당신에게 왔습니다 일이 있어서   베르만씨.

чала медсестра. // – Пока нет вашего сына, / я вот что
부하라가 입을 열었다.   당신 아들이 오기 전에   제가 당신에게

хочу вам сказать: / у меня есть дочь, / она очень хорошая
하고 싶은 말은 바로 이것입니다 저에게는 딸이 있어요.   그녀는 아주 착한 아이입니다

девочка, / спокойная, / добрая. // И болезнь / у неё /
 침착하고   친절한.   그리고 병이 그녀에게 있어요

1 припадок 발작, 경련 | 2 домик на три семьи 세 가족이 사는 작은 집 | 3 засуетится 녹초
가 되다

такая же, как у вашего сына. //
당신의 아들에게 있는 바로 그 병이.

  Берман хотел / что-то сказать, / но кроткая[1] Бухара
  베르만은 원했다 무엇인가를 말하기를 하지만 공손한 부하라는 엄하게

властно[2] его остановила / и продолжала: /
그를 멈췄다 그리고 말을 이어나갔다

  – Я больна. // Скоро умру. // Я хочу выдать девочку
  저는 아파요. 곧 죽을 거예요. 저는 딸을 시집 보내고 싶어요.

замуж[3] / за хорошего человека. //
  좋은 사람에게

  – Милая моя! // Что вы говорите? // Что вы думаете? //
  부인! 무슨 말을 하는 거요? 무슨 생각을 하고 있는 겁니까?

Кто за него пойдёт? // И какой из него муж? // Вы что,
누가 내 아들과 결혼하려 하겠소? 그리고 그 아이가 남편이 될 수나 있겠소? 당신은

думаете, / девушка будет иметь / от него / большое
생각하시는 겁니까 당신 딸이 얻을 것이라고 내 아들에게서 큰

удовольствие? // А? //
만족을? 그렇소?

  Бухара молча это выслушала. // Потом / вошёл / Гри-
  부하라는 조용히 듣고 있었다. 잠시 후 들어왔다

горий, / сел на стул, / взял кошку / и начал её гладить. //
그리고리가 의자에 앉았다 고양이를 잡았다 그리고 고양이를 쓰다듬기 시작했다.

Бухара посмотрела / на него / острым и внимательным
부하라는 바라봤다 그를 예리하고 주의 깊게

глазом / и сказала: /
  그리고 말했다.

– Гриша! / Я хочу, / чтобы вы с папой / пришли ко мне /
그리고리! 나는 원해요 당신이 아버지와 내게로 오기를

в гости. // Я хочу познакомить / вас с моей дочкой Милой. //
손님으로. 나는 소개시켜주고 싶어요 당신에게 내 딸 밀라를.

– А потом она повернулась / к Науму Абрамовичу / и
그리고 나서 부하라는 돌아섰다 베르만 쪽으로 그리고

сказала / ему / прямо-таки совсем по-еврейски[4]: / – А что
말했다 그에게 유대인 특유의 억양으로 «무슨 나쁜

будет плохого, / если они познакомятся? //
일이 있겠어요 그들을 소개시켜준다고?»

...По воскресным дням / Бухара не вставала / с посте-
일요일마다 부하라는 일어나지 않았다 침대에서

ли, / лежала, / экономила / силы. // Кожа её / сильно по-
누워있었다 아꼈다 힘을. 그녀의 안색이 급격히

темнела, / лицо стало / как у старухи. // Ей не было / и
어두워졌다 얼굴이 변했다 할머니처럼. 부하라이 나이는

сорока, / но молодыми / в ней / оставались / только ярко-
사십도 안됐었다 젊은 상태로 그녀 속에는 남아있었다 새까맣고 강한

чёрные сильные волосы. //
머리카락만이.

1 кроткий 온순한, 얌전한 | 2 властно 힘 있게, 고압적으로 | 3 выдать девочку замуж 시집보내다 | 4 сказать прямо-таки по-еврейски (질문에 답을 하지 않고, 질문으로 되묻는) 유대인 특유의 화법으로 말하다

Милочка принесла / матери / чашку горячей травы / и
села / рядом с постелью. // Бухара погладила / её / и
сказала: /

– Спасибо, доченька. // Я хочу сказать / тебе / одну важную вещь. // Очень важную. // – Девочка подняла / голову. // – Я хочу, / чтобы у тебя был муж. //

– А ты? // – удивилась Милочка. // – Пусть лучше у тебя
будет муж. // Мне не надо. //

Бухара улыбнулась. //

– У меня уже был / муж. // Давно. // Теперь / пусть у
тебя будет муж. // Ты уже большая. //

– Нет, не хочу. // Я хочу, / чтобы ты была. // Не муж, /
а ты, / – обиделась Милочка. //

Бухара / этого / не ожидала. //
부하라는 이것을 예상하지 못했다.

— Я скоро уеду. // Я тебе говорила, — сказала одна /
나는 곧 떠나. 내가 너에게 말했지. 부하라가 말했다

дочери. //
딸에게.

— Не уезжай, / не уезжай! // Я не хочу! — заплакала Ми-
가지마, 떠나지마! 싫어! 밀라가 울기 시작했다.

лочка. // Мать ей уже много раз говорила, / что скоро
부하라는 딸에게 이미 여러번 말했다 곧 떠날 거라고

уедет, / но она не верила / и быстро-быстро забывала. //
하지만 밀라는 믿지 않았다 그리고 금방금방 잊었다

— Пусть и Мила уедет!
밀라도 떠나게 해줘!

Когда Милочка волновалась[1], / она забывала / говорить
밀라가 마음이 불안할 때면 그녀는 잊었나 자신에 대해

про себя / в первом лице[2] / и снова, / как в детстве, / го-
말하는 법을 1인칭으로 그리고 다시 아이 때처럼

ворила / в третьем. //
말했다 3인칭으로.

---

1 волноваться 파도 치다, 흥분하다 | 2 в первом лице 1인칭으로

– Я долго, долго / с тобой жила. // Всегда. // Теперь я должна уехать. // У тебя будет / муж, / ты не будешь одна. // Паша будет, / – терпеливо объясняла / Бухара. //

– Муж / – это хорошо. // Хороший муж. //

– Мила плохая? / – спросила девочка / у матери. //

– Хорошая, – погладила / толстую круглую голову / Бухара. //

– Завтра не уезжай, / – попросила Мила. //

– Завтра не уеду, / – сказала Бухара / и закрыла глаза. //

Она давно решила, / что поедет умирать / к старшему брату / в Фергану[1], / чтобы Милочка не увидела / её смерти / и постепенно про неё забыла. // Память у Милочки была небольшая, / долго не держала в себе / ни людей, /

ни событий. //
사건도.

Всё произошло / как задумала / Бухара. // Берман с
모든 것이 일어났다   생각했던 것처럼   부하라가.   베르만은

сыном и сестрой, / маленькой старушкой, / пришли в
아들과 누이와 함께   왜소한 할머니와 함께   부하라의 집을

гости. // Паша убрала / квартиру. // Бухара купила /
찾았다.   빠샤는 청소했다   집을.   부하라는 샀다

торт. // Готовить / она совсем не могла, / ей становилось
케익을.   요리하는 것을   그녀는 전혀 할 수 없었다   그녀는 몸이 나빠졌다

плохо / от близости огня / и запахов пищи. //
불에 가까이 가거나   음식 냄새를 맡으면.

Пили / чай. // Разговаривали. // Старушка много гово-
마셨다   차를.   이야기했다.   할머니는 말을

рила / и задавала / много странных и бессмысленных
많이 했다   그리고 던졌다   많은 이상하고 의미 없는 질문을

вопросов, / на которые можно было не отвечать. // Гри-
대답하지 않아도 되는.

горий улыбался / и всё спрашивал / у отца, / можно ли
그리고리는 웃었다   그리고 계속 물어봤다   아빠에게   그가 해도 되는지

1 Фергана 우즈베끼스딴의 지역(중앙아시아)

ему / взять ещё кусочек торта, / и с увлечением[1] ел. //

Бухара узнавала в нём / все старательно-деликатные[2] движения / Милочки, которая очень боялась / за столом что-нибудь испачкать / или уронить. //

Милочка слезла / со стула. // Она была маленького роста, / но с развитой женской грудью. // Подошла / к Григорию. //

– Идём, / я покажу, / – позвала она, / и он, / послушно оставив / кусок торта, / пошёл за ней / в маленькую комнату. //

Маленькая старушка / вдруг сказала: /

– А может, / она права… // И квартира у них / очень хорошая, / можно сказать / генеральская[3]… //

Милочка в своей комнате / показывала / Григорию /
밀라는 자기　　　　　　　방에서 보여줬다　　그리고리에게

свои альбомы. // Он держал / во рту / орешек от торта, /
자신의 사진첩을.　　그는 가지고 있었다 입 속에　　케익에 있던 땅콩을

любовался картинками, / а потом спросил / у Милочки: /
사진을 보며 좋아했다　　　　　　그리고 그 후 물었다　　밀라에게

– Угадай, / что у меня / во рту? //
　맞춰봐.　　　뭐가 있게　　입 속에?

Милочка подумала немного / и сказала: /
밀라는 잠시 생각했다　　　　　　그리고 말했다

– Зубы. //
　이빨!

– Орешек, / – засмеялся Григорий, / вынул[4] изо рта /
　땅콩이야.　　　그리고리가 웃기 시작했다　　　　　입에서 꺼냈다

орешек / и положил ей / в руку. //
땅콩을　　　그리고 그녀에게 두었다　손에.

... Скоро их расписали[5]. // Григорий переехал / в док-
　곧 이 둘은 혼인신고를 했다.　　　그리고리는 이사왔다

торский флигель. // Бухара / через месяц после свадь-
의사의 외딴집으로.　　　부하라는　　결혼식 한 달 후

---

1 увлечение 열중, 몰두 | 2 деликатный 섬세한, 민감한 | 3 генеральский 장군의, 작관의 |
4 вынуть 꺼내다, 빼내다 | 5 расписать (구어) 혼인 신고하다

бы / уехала / к себе на родину. //

Сначала Милочка, / видя вещи матери, / говорила грустно: / мамин фартук, мамина чашка… // Но потом / старая Паша потихоньку / все эти вещи убрала, / и Милочка про мать / больше не вспоминала. //

По утрам Милочка ходила / на работу / в мастерскую. // Ей нравилось / вырезать / из бумаги, / она делала это / почти лучше всех. // Гриша каждый день провожал / её / до трамвая, / а потом встречал / на остановке. // Они шли / по улице, / взявшись за руки. // Милочка на каблуках, / в розовом платье Бухары, / и её муж, / большеголовый Григорий с лысиной[1]. // Оба / в некрасивых круглых очках, / выданных им бесплатно. // Не было человека, / который не посмотрел бы / на них. // Маль-

чишки кричали им / какие-то глупости[2]. //

　　Но они были так заняты / друг другом, / что не видели /

чужого нехорошего интереса. //

　　Шли / до остановки. // Маленькая Милочка тяжело

садилась / в трамвай. // Григорий помогал ей / и махал

рукой / до тех пор, / пока видел трамвай. // Милочка

тоже махала, / улыбалась. //

　　Брак их / был прекрасен. // Но в нём была / тайна, / им

самим / неведомая[3]: / с точки зрения здоровых и нор-

1 лысина 대머리 | 2 глупость 우둔, 바보 짓 | 3 неведомый 알려지지 않은, 이해되지 않는

мальных людей, / был их брак ненастоящим. //

Старая Паша, / сидя на лавке, / важно говорила / другим соседкам-старухам: /

— Ничего / вы не понимаете! // Да Бухара / всех нас / умней оказалась! // Всё, / всё наперёд / рассчитала! // И Милочку выдала замуж / за хорошего человека, / и сама, / как приехала в это своё / ... так на пятый день и померла. // А вы говорите! //

Но никто / ничего / и не говорил. // Всё так и было. //

ДОЧЬ БУХАРЫ

문제 번역

알맞은 답을 골라 문장을 완성하세요.

1. 이 이야기는 ...에 일어난 일이다.

a) 혁명 전
б) 2차 세계대전 직후
в) 요즘

2. ...이(가) '오펠 카데트'를 타고 의사의 집으로 왔다.

a) 아들과 며느리
б) 이웃과 그의 아내
в) 손자와 손주 며느리

3. 외딴집에 사는 사람들은 ... 이었다.

a) 마을 주민들과 다름 없는 평범한 사람들
б) 다른 마을 주민보다 가난한 사람들
в) 다른 마을 주민보다 부유한 사람들

4. 안드레이 인노껜찌예비치의 손자 지마는 ...이었다.

a) 군의관
б) 군장교
в) 간호사

5. 이웃들은 의사 가족의 생활 수준이 자신들보다 훨씬 나았지만 모두 이해해 주었다. 왜냐하면 ... .

a) 부하라라는 미인이 마음에 들었기 때문이다.
б) 늙은 의사가 마을 사람들을 무료로 치료해왔기 때문이다.
в) 다른 사람의 사생활을 존중했기 때문이다.

6. 의사 집안에는 마지막 5대에 걸쳐 전해지는 특징이 있었다. 그것은 ... .

a) 강한 남자들이 허약한 아이들을 낳았다는 것이다.
б) 남자들이 일찍 죽었다는 것이다.
в) 이 가족의 남자들에게는 아들이 하나씩 있다는 것이다.

그리고 그 아이들은 ...

a) 군대에 입대했다.
б) 의사가 됐다.
в) 전염병으로 죽었다.

7. 나이든 가사도우미 빠샤는 ...

a) 안드레이 인노껜찌예비치의 수술을 도왔다.
б) 의사 안드레이의 집안일을 도맡아했다.
в) 안드레이의 아내였다.

8. 지마가 돌아온 후 ...

a) 의사의 집에는 젊은 여자가 살기 시작했다.
б) 부하라가 빠샤의 신경을 거슬렀다.
в) 빠샤는 스스로가 필요없어졌다고 생각했다.

9. 부하라는 집안일을 열심히 했다. 왜냐하면 ...

a) 빠샤를 집에서 내쫓고 싶었기 때문이다.
б) 집을 청소하는 것을 좋아했기 때문이다.
в) 집안에서 어린 여자로서 자신의 의무라고 생각했기 때문이다.

10. 부하라는 안드레이의 눈을 똑바로 쳐다보지 않았다. 왜냐하면 ...

a) 나이와 성품을 존경했기 때문이다.
б) 그의 백발이 싫었기 때문이다.
в) 그가 설거지를 도와주지 않았기 때문이다.

11. 부하라는 ...

a) 고등교육을 받았다.
б) 중등교육까지만 받았다.
в) 메드레세만 졸업했다.

12. 시간이 흘러 부하라의 딸이 ...는 사실이 밝혀졌다.

a) 건강하고 아름답다
б) 몽골인을 닮았다
в) 아프고 가망이 없다

13. 아이가 아픈 것은 ...

a) 지마의 유전자가 잘못됐었기 때문이었다.
б) 유전적 실수 때문이었다.
в) 안드레이의 실수 때문이었다.

14. 부하라는 ...

a) 내내 아이의 병에 관한 논문을 읽었다.
б) 아이의 병을 눈치채지 못한 것 같았다.
в) 아이가 아프다는 사실을 단 일분도 잊을 수 없었다.

15. 얼마 후 지마는 부하라를 떠났다. 왜냐하면 ...

a) 그녀가 아이에게서 점점 관심을 잃어갔기 때문이다.
б) 자신에게 점점 낯설고 차갑게 대했기 때문이다.
в) 둘째 아이도 온전치 못하게 태어날까봐 두려웠기 때문이다.

16. 지마는 ... 따마라 스페빠노브나에게 떠났다.

a) 부하라보다 젊고 예뻤던
б) 그에게 건강한 아이를 낳아준
в) 아이를 가질 수 없었던

17. 밀라는 ...

a) 3일 만에 아빠를 잊었다.
б) 아버지가 있는 집으로 이사했다.
в) 아버지를 절대 잊을 수 없었다.

18. 남편이 떠난 후 부하라 가족의 삶은 ...

a) 변함없이 흘러갔다.
б) 크게 변했다.
в) 차츰 변해갔다.

19. 이웃들의 관심은 ... 변했다.

a) 외로운 부하라에 대한 무관심으로
б) 부하라와 그녀의 딸을 도와주려는 안타까움과 바람으로
в) 정의를 되찾고 부하라의 집에 다른 사람들도 들어와 살게 하려는 노력으로

20. 밀라는 어린시절 ...

a) 이웃 아이들과 함께 놀았다.
б) 행복한 혼자만의 세계에서 자랐다.
в) 고양이들과 많이 놀았다.

21. 밀라는 8살 때 ...

a) 외국어를 조금 할 줄 알았다.
б) 기본적인 신체 감각만 이해할 수 있었다.
в) 말을 잘했지만 적게 했다.

22. 밀라는 11살쯤 됐을 때 ...

а) 발달이 느려지기 시작했다.
б) 발달이 빨라지기 시작했다.
в) 발달이 멈췄다.

23. 밀라는 가위로 오리는 법을 배웠고 ... 작업했다.

а) 의식적으로 솜씨있게
б) 예쁘고 창의적으로
в) 집중하며 신중하게

24. 부하라는 나이를 먹으면서 ...

а) 통통한 밀라와 점점 닮아져갔다.
б) 말라갔고 매력을 잃어갔으며 어두운 옷을 입었다.
в) 힘이 넘치고 생기있어져갔다.

25. 부하라의 병은 ...

а) 그녀에게 있어 비밀이 아니었다.
б) 그녀가 예상하지 못한 것이었다.
в) 빠샤의 병과 비슷했다.

26. 밀라는 ... 특수학교에 보내졌다.

а) 좋은 교육을 받기 위해
б) 대학 입학 준비를 위해
в) 스스로 사는 법을 배우기 위해

27. 2년 후 밀라는 ...에서 일하기 시작했다.

а) 병원 진료소
б) 장애인 작업실
в) 보건소 접수처

28. 부하라는 ... 신경정신과에 취직했다.

а) 돈을 더 벌기 위해
б) 작은 치료를 받기 위해
в) 딸의 곁에서 도와주기 위해

29. 부하라는 ... 환자 정보를 모으기 시작했다.

а) 자신의 전문성을 높이기 위해
б) 밀라의 남편감을 찾기 위해
в) 자신의 새 남편감을 찾기 위해

30. 그리고리는 성격도 좋고 차분한 청년이었다. 그래서 ...

а) 부하라는 밀라를 그에게 시집보내기로 했다.
б) 나움 아브라모비치(베르만)는 그를 밀라에게 소개시켜주기로 했다.
в) 부하라는 차 한 잔 하러 그를 방문했다.

31. 밀라는 자신의 결혼 사실을 알고 나서 ...

а) 매우 기뻐했다.
б) 무언가를 잘못해 엄마가 화가 난 거라고 생각했다.
в) 엄마가 떠난다는 사실에 화를 냈다.

32. 부하라는 ... 고향으로 떠났다.

а) 딸 가정의 행복을 방해하지 않으려고
б) 재혼하려고
в) 곧 있을 자신을 죽음으로 딸에게 상처주지 않으려고

33. 길에서 밀라와 그리고리를 본 사람들은 ...

а) 그들에게 좋지 않은 시선을 보냈다.
б) 이 예쁜 커플을 보고 감명받았다.
в) 이들의 행복을 부러워했다.

34. 빠샤 할머니는 부하라가 누구보다 똑똑했던 것이라고 생각했다. 왜냐하면 병으로 죽어가면서도 ...

а) 6년을 더 살았기 때문이다.

б) 자신의 행복을 찾았기 때문이다.

в) 불치병에 걸린 딸에게 행복을 찾아주었기 때문이다.

[답안]

1. б 2. в 3. в 4. а 5. б 6. в, б 7. б 8. в 9. в 10. а 11. б 12. в 13. б 14. б 15. в
16. в 17. а 18. б 19. в 20. б 21. б 22. б 23. в 24. б 25. а 26. в 27. б 28. в 29. б
30. а 31. в 32. в 33. а 34. в

단어

А

ай-яй-яй (구어) 매우 안타깝다
анонимный 익명의, 무명의
аристократический 귀족적인
архаический 옛스러운, 쇠퇴한
аспирант 박사과정생, (의과대학) 레지던트

Б

барак 방이 여러 개 딸린 집(보통 나무로 지어졌고, 공동 부엌과 화장실이 있다), 판자집
безнадёжный 개선의 여지가 없는, 희망이 없는
бессмысленный 부질없는, 어리석은
бумага (구어) 서류
Бухара 우즈베끼스딴의 도시(중앙아시아), 주인공의 낙네임

В

в первом лице 1인칭으로
ведьма 악한 힘을 부리는 마법사, 사람을 해치는 능력이 있는 사람
верующий 신앙심이 깊은
взрослеть 어른이 되다
властно 힘 있게, 고압적으로
волноваться 파도 치다, 흥분하다
воспитать 기르다, 양육하다
востоковед-полиглот 동양어를 여러개 구사하는 동양학자
выдать девочку замуж 시집보내다
вынуть 꺼내다, 빼내다

Г

генеральский 장군의, 장관의
гипотонус 근긴장저하증
глупость 우둔, 바보 짓
годовалый 한 살의
головёшка 까맣게 탄 나무조각

Д

дебил 바보
деликатный 섬세한, 민감한

дефективный 결함이 있는, 이상한
диспансеризация 환자 관리, 치료 및 예방 지원 시스템
диспансер (소련방의) 공중보건지도소
домик на три семьи 세 가족이 사는 작은 집
дохлый 죽은

З

загнать 몰아 넣다
засуетится 녹초가 되다

И

испачканный 온통 더럽혀진

К

киса (구어) 고양이
комбинация 조합, 결합
кормилица 다른 사람의 아이에게 젖을 물려주는 여자
кроткий 온순한, 얌전한
круто 급격히, 빠르게

Л

лекарь 의사
лепить 빚다, 만들다
лысина 대머리

М

медкарта 진료카드(병력의 기록)
медресе 이슬람 중·고등 신앙학교로 종교인, 이슬람 초등학교 교사 및 중동지역 정부기관 공무원 양성 학교
месить 흙을 반죽하다

мешок 자루, 주머니
микроскопический 현미경을 사용한, 미세한
Милочкин(-а, -о, -ы) 밀로치까(밀라)의
мираж 환영, 환상
младенческий 어린, 미숙한
младшая жена 어린 부인, 첩
мордочка (구어) 아이 얼굴
Мохаммед 마호메트라고도 함. 이슬람에서 신이 보낸 대사, 움마(이슬람 공동체)의 창시자

Н

небесная воля 신의 의지, 능력
Небесный Иерусалим (관용어) 하늘에 있는 신의 왕국
неведомый 알려지지 않은, 이해되지 않는
невестка 며느리
невиданный 보통이 아닌, 신비의
неполноценный 질적으로 낮은, 발달이 늦은
нечистоплотность 지신을 돌보는데 조심스럽지 못하고 무관심한 모습

О

обособленно 특수하게, 고립되게
одержимость 열정, 강하게 열중, 몰두하는 것
ординатор (의과대학) 인턴
отставка 해고
оформляться 완전한 형식·구성을 하다
ощупь 촉감

П

пантеон 판테온(신들을 모신 신전)

побивание камнями 돌팔매질

подвластен, -тна (형용사 подвластный의 단어미형) ~의 권력 아래 있다

поколение 세대

посмертный 죽음 후의

потеснить кого-что 압박하다, 조르다

предрассудок 편견, 선입관

претендовать на что 요구하다, 권리를 주장하다

претензия 요구, 청구

припадок 발작, 경련

провиниться 죄를 범하다, 과실을 범하다

прогрессивный 점진적인, 진보적인

проклинать(-проклясть) кого что 화를 내며 혼내다

психоневрологический 정신신경증의

пуританский 청교도적인

Р

разложить 사방에 나누어 두다, 진열하다

разумный 이성적인, 분별있는, 영리한

райжилотдел(районный жилищный отдел) 지역 주택 부서(지역 주택 문제 주무기관)

расписать (구어) 혼인 신고하다

рафинированный 정제·정련용의

реветь 울부짖다, 아우성치다

роддом 출산하는 곳

С

сиять 기쁨에 빛나다, 환해지다

слюна 침, 타액

смертельный 치명적인, 생명에 관계되는

соблазн 유혹, 꼬드김

совершеннолетие 성년

сознательный 지각있는, 의식있는

сортировать 분류하다, 선별하다

сосать 빨다

сказать прямо-таки по-еврейски (질문에 답을 하지 않고, 질문으로 되묻는) 유대인 특유의 화법으로 말하다

сдать кому что 누군가에게 어떤 일을 넘기다

Т

течь 흐르다, 새다

торжественно 성대하게, 장엄하게, 엄숙하게

туловище 몸, 몸통

У

увлечение 열중, 몰두

уродец (урод의 지소형) 신체적 결함이 있는 사람

усиливаться 강화되다, 증대되다

Ф

фельдшер 간호사

Фергана 우즈베끼스딴의 지역(중앙아시아)

флигель 측면에 세운 건축, 결채

Х

хромосома 염색체

Ч

Чаплин 찰스 스펜서 채플린(1889-1977), 미국의 위대한 배우, 감독, 시나리오 작가, 프로듀서

частная жизнь 개인의 생활, 한 사람의 삶